Change
(Cambiar)

Change
(Cambiar)

Luis DH

Para las personas que cambian para bien.

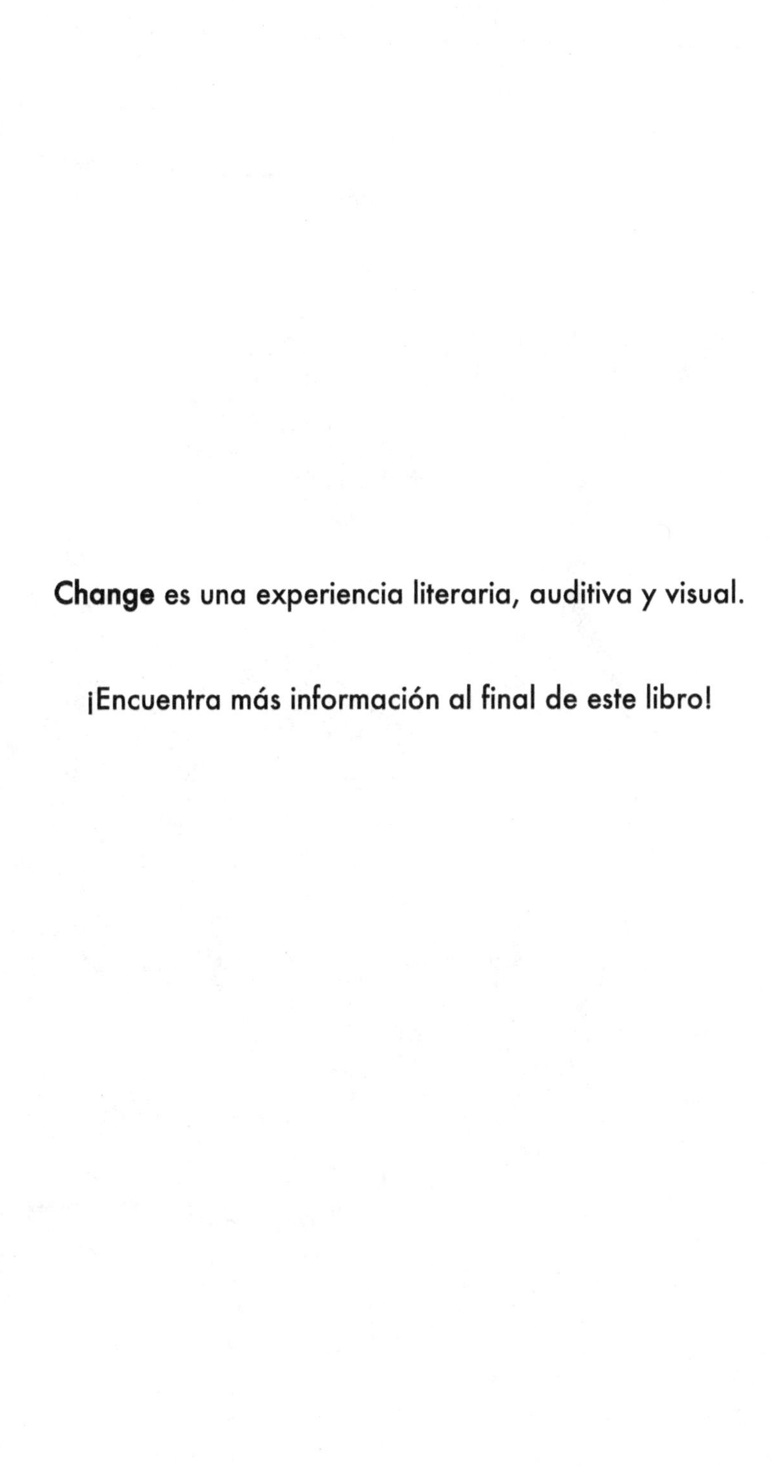

Change es una experiencia literaria, auditiva y visual.

¡Encuentra más información al final de este libro!

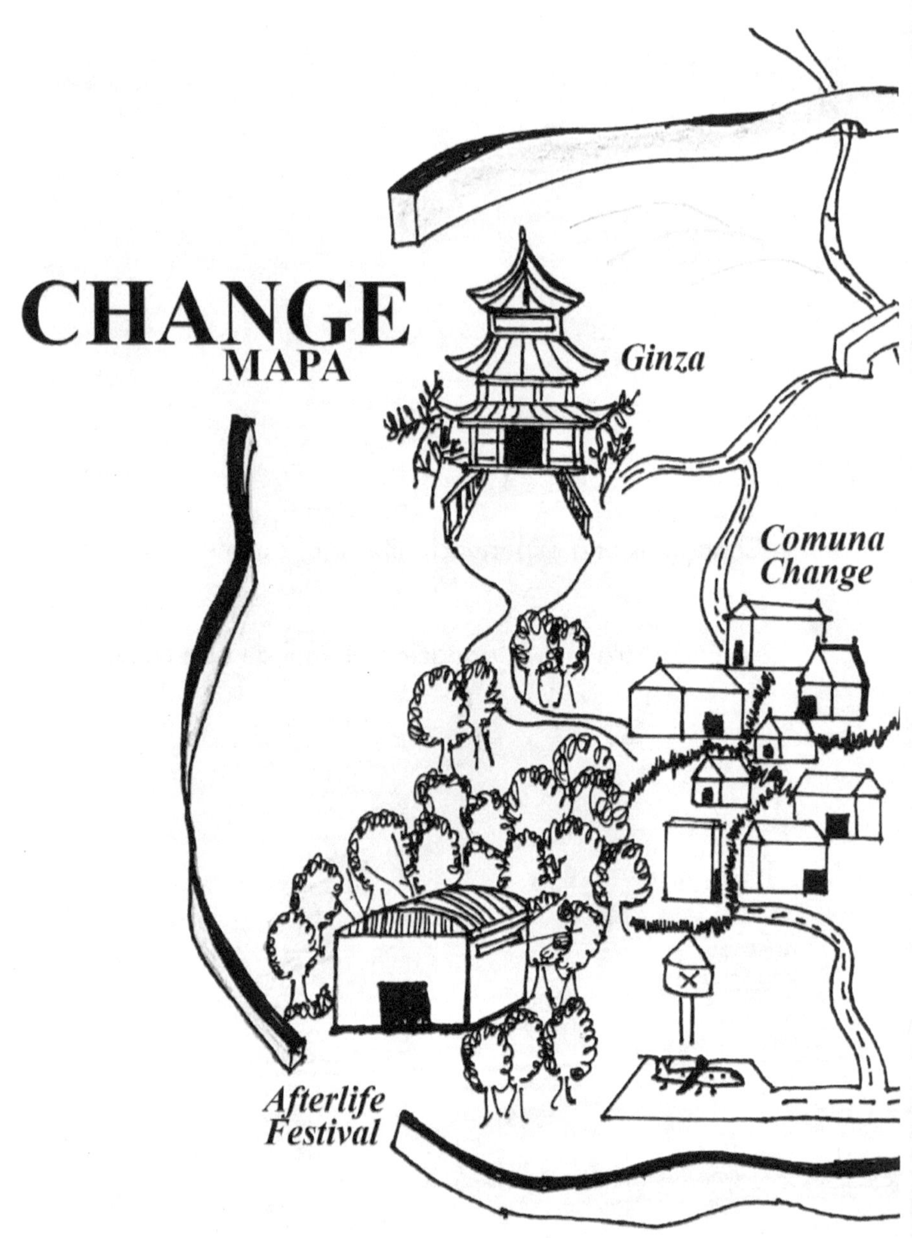
CHANGE
MAPA
Ginza
Comuna
Change
Afterlife
Festival

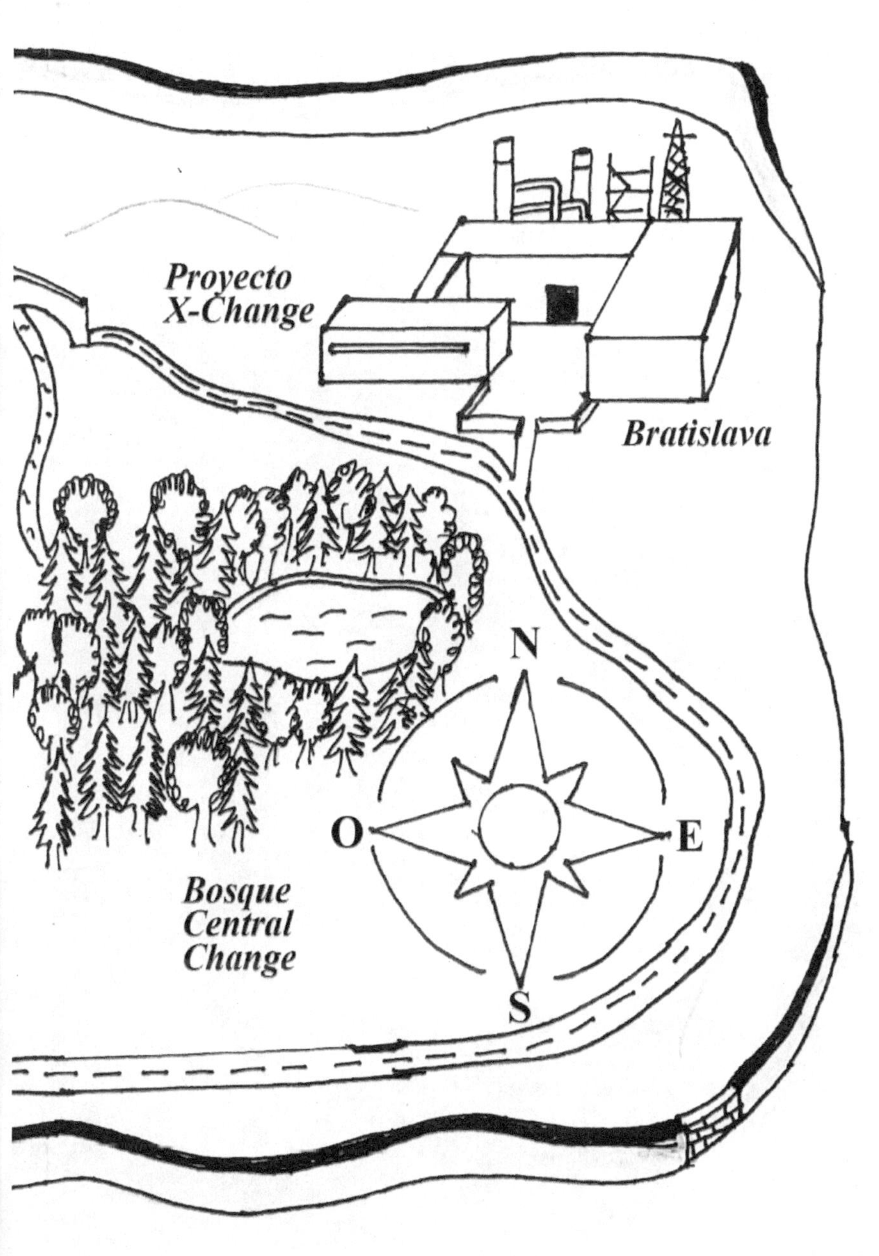

Proyecto
X-Change
Bratislava
Bosque
Central
Change
N
O
E
S

CAPÍTULO 1

AFTERLIFE
x
LA OTRA VIDA

AFTERLIFE

Me llamo C.R. Y no soy como el resto. Eso es lo que siempre me decía X.

C.R. viene de Cinthya Rose, la prota de *Starfish And Coffee* de Prince. Mi padre adoraba esa canción y me la ponía siempre cuando yo era pequeña. C.R. es el nombre que elegí cuando X me hizo mi nuevo bautismo en Change. Todo el mundo allí cambiaba su nombre como símbolo de dejar lo anterior atrás.

En cualquier caso, el mío real es Dana. Aunque nunca he tenido confirmación oficial, sospecho que eso vino de mi madre, por Dana Scully, de *Expediente X*. Mis padres tenían todo lleno de cosas de la serie. Hasta VHS, *cringe*... Naaah, ¡Dios bendiga los 90! (Y su moda).

Llegué al Afterlife Festival una noche calurosa de viernes, dos semanas después de que una chica con trencitas en el pelo y una sonrisa forzada en la cara me entregara un *flyer* promocional mientras yo caminaba por la Gran Vía. En la publi salía gente joven, guapa y feliz pasándolo bien, con poca ropa y pintura por todo el cuerpo. Sí, gente joven, guapa y feliz. Justo todo lo contrario a lo que sentía yo por dentro. Creo que eso fue lo que ella vio en mí. No, miento.

No lo creo… Lo sé.

Afterlife Festival no era muy conocido, a mí me sonaba muy de pasada de alguna conversación en mi grupo, aunque posiblemente se referían a otro de nombre similar, porque Afterlife era único en sí mismo. Se celebraba en un lugar tan apartado de la civilización que resultaba difícil acceder, incluso en transporte privado: llegar allí costaba sudor y lágrimas. Ni siquiera había nombres en el cartel y la entrada era MUY cara, absolutamente de lujo. Pero prometían olvidar los problemas en un buen entorno de música y evasión. Justo mi deseo más grande por aquel entonces.

Necesitaba huir. Huir de todo lo que conocía. De él, de ellos, ¡de todo y de todos! Sí, lo sé, obvio. Mi yo reflexivo y cauto de siempre ya había puesto en marcha todas las alarmas y me decía que ese evento no era más que una farsa hueca, vestida de sonrisas y diversión. Pero mi yo roto… se lio la manta a la cabeza e ignoró todas las señales.

La chica de las trencitas se hacía llamar Daphne. Al principio pensé "qué curioso, el nombre se parece ligeramente al mío, Dana". Pero aquella no era la única semejanza entre nosotras. Teníamos ambas una complexión física similar y el pelo hasta la cintura. De eso me di cuenta cuando se quitó con sutileza la gorra que llevaba puesta: sus trenzas quedaron sueltas por debajo de su pecho y empezamos las dos a conversar de forma más distendida. También observé que se quedaba con cada pequeño gesto que hacía yo y lo reproducía ella después.

Espejo. Dicen que, inconscientemente, cuando imitamos las maneras de gesticular o el modo de hablar de otra persona estamos haciendo un halago. Y, definitivamente, ella quería agradarme y ganarse mi confianza. Me preguntó mi nombre. Normalmente yo no suelo hablar con nadie en la calle, soy muy "mía", pero durante esa época me daba todo un poco igual, así que le seguí el rollo ese día. Charlamos un buen rato sobre música. La conversación era tan fluida que empezamos a profundizar en temas más personales. Y, oh, ¿casualidad? Resultaba que nuestras circunstancias vitales eran muy parecidas.

Daphne había estado pasando también por una mala racha. Me explicó que, tras desengaños y bajones varios, en el Afterlife Festival había encontrado trabajo y, sobre todo, su sitio. Ella estaba "EN-CAN-TA-DA" con la gente allí. Decía que había muy buen ambiente, que no era como ningún otro lugar y que nunca antes se había sentido tan ella misma en ninguna otra parte. Antes de llegar allí Daphne no tenía apenas nada, ni casa, ni dinero, ni familia: me confesó entonces que sus padres habían fallecido en un accidente, años atrás. En eso sí que éramos diferentes, los míos estaban vivos. Con mi padre mantenía una relación cercana y sana, pero mi madre había pasado de mí desde pequeña. Por ese motivo ni podía ni quería agobiarles con mis problemas personales. Mi padre no se lo merecía… y a mi madre le iban a dar igual.

—¿Por qué no te vienes al Afterlife, belleza? —atacó Daphne en mitad de nuestra conversación—. Va a ser el show principal anual muy prontito.

—Esto está donde Cristo perdió la chancla —musité entre dientes mientras miraba de reojo el mapa orientativo que venía en el *flyer*.

—¿Perdona?

—Que está un poco lejos...

—¡Por eso no te preocupes! —abrió mucho los ojos y su mirada se iluminó—. Estamos apartados porque es un mega fiestón y no queremos molestar a nadie. Aparte ya te digo… es otro mundo. Te vas a olvidar de todas tus movidas.

Y eso, en realidad, era lo que más quería.

No le dije a Daphne que sí directamente. Me excusé con un "no lo sé". Pero insistió en que intercambiásemos los teléfonos, por si cambiaba de idea.

—Estoy aquí en la ciudad hasta el lunes —dijo devolviéndome el móvil—. ¡Escríbeme!

No hizo falta, ella me mandó un mensaje al día siguiente.

Quería verme para enseñarme algo que me iba a "EN-CAN-TAR". Me había caído bien, así que accedí.

Y allí acabamos las dos solas, en la terraza del ático que ella tenía alquilado por días, admirando la noche. El espacio era enorme, al igual que la luna llena, que brillaba en lo alto del cielo. Gigante. Era la luna más impactante que había visto nunca. Al lado, un pequeño punto parpadeaba inquieto, por debajo de la redonda blanca, a su derecha.

—Es Marte —me indicó.

—Sí, lo sé.

¿Cómo podía conocer Daphne que a mí me encantaba contemplar, casi embobada, la inmensidad del cielo estrellado?

Ella prosiguió con su acoso y derribo.

—Oye, ¿tú sabes que todos estamos hechos de polvo de estrellas? —preguntó mirándome.

Se me hizo un nudo en la garganta. Era lo mismo que yo estaba pensando justo en ese momento, con mis ojos puestos en el firmamento. Daphne tomó mi mano y continuó:

—Todos los materiales que forman las estrellas…, todo el universo…

—Está hecho de lo mismo que todos nosotros y nosotras. Llevamos dentro, en esencia, polvo de estrellas.

Daphne agarró mi cara. Ambas nos miramos fijamente a

los ojos.

—Exacto —dijo y se acercó a mí.

Nos besamos. No era mi primera vez con una chica, claro. Pero sí que era mi primer contacto físico e íntimo desde aquel evento traumático que me había vuelto vulnerable y que me había hecho dudar de la humanidad y hasta de mí misma. Ese secreto que no le había contado a nadie todavía y por el cual estaba dispuesta a CAMBIAR mi vida. Jamás pensé que volvería a tocar a otra persona, en ese sentido. Estuve a punto de querer parar al tener a Daphne encima de mí, bajo los astros de la noche, pero es que ella me gustaba de verdad. Así que decidí confiar. Y decidí que lo que había pasado con mi exnovio no podía definirme ya para todo lo que me quedase de vida. Era demasiado joven, joder…

Terminamos tumbadas sobre la terraza mirando de nuevo hacia el cielo. Giramos nuestros cuerpos para vernos frente a frente.

—Vente conmigo al festival, anda, me hace mucha ilusión que estés y que lo veas todo —me dijo Daphne antes de besarme de nuevo —. *Let's change*, belleza.

Desde el primer momento que puse los pies en el camino de tierra supe que me había equivocado de ropa para la ocasión. Llevaba un vestido de flores, botas con plataformas y el bolso colgado al hombro. Parecía una puta Spice Girl en mitad del campo. El festival se celebraba en un sitio realmente dejado de la mano de Dios. Cinco horas en bus y seis kilómetros caminando. Y claro, qué bien, un camino de tierra para finalizar. Tierra… todavía me sorprende que yo, Miss "Reina del Asfalto", no interpretase que eso era una señal divina para darme media vuelta e irme de allí pitando. *Red flag* total.

Estaba anocheciendo, así que debía darme prisa. Daphne me había explicado que no podíamos ir juntas, que ella estaba convocada a asistir días antes para empezar a trabajar en la organización. Me había dejado sola. Así que volvía a estar… en el punto de partida. Cuando llegué al final del camino era prácticamente ya de noche. Gracias a la pantalla de mi teléfono no me había quedado a oscuras a la mitad. Entonces vi las primeras luces rojas clavadas sobre la tierra, como si fueran rosas nocturnas marcando el paso hacia mi destino. Las seguí casi hipnotizada hasta que un foco de neón de color azul iluminó el encuadre de una modesta y discreta entrada a una finca. Allí vislumbré a diez personas que parecían de seguridad, en la puerta, esperando. Me acerqué sigilosa, todos estaban muy serios, mirándome. La escena detonó de nuevo en mi interior el *flashback* de aquel acontecimiento dramático. Me acordé de él, de Ritch. Mi ex novio y sus amigos. Me puse en alerta, pero continué. Al final de cuentas era toda esa mierda la que me había llevado hasta ese lugar.

—Hola —me dirigí con impostada confianza al hombre más alto.

—Hola —contestó serio.

—Ven… Vengo al festival. Conozco a alguien dentro, Daphne. ¿Se lo podéis decir, por favor?

Se miraron los unos a los otros. Yo pasé la vista por detrás de ellos y observé las luces parpadeantes saliendo desde el techo de una gran nave que parecía abandonada por fuera: un recinto oculto bajo la noche y ya a escasos metros de mí.

—Tu entrada.

—¿Uh?

—¿Has comprado la entrada?

Y tanto que la había comprado. Todavía me dolía la jugosa transferencia a la cuenta que me había facilitado Daphne. Rebusqué en mi bolso y se la entregué. Otro chico más joven y de aspecto un poco más amigable se acercó y me entregó una pequeña mochila negra estampada con una *X* blanca fuera, que brillaba con la luz de neón encima de nosotros.

—El *Afterlife Starter Pack*. Adelante, guapa.

"Guapa". En fin. Caminé sola entre el oscuro bosque

hasta la entrada de la nave, donde otro hombre vestido de negro me recibió. Después de escanear mi bolso abrió la puerta del lugar y entré. Escuché a mis espaldas el girar de la cerradura, estaba atrapada. Respiré hondo y me tranquilicé. El pasillo donde me encontraba estaba iluminado por las mismas luces de neón, con formas de cruces, colgadas del techo y las paredes. Era más rollo videoclip que religioso. Era todo muy pop. Tomé la mochila que me habían entregado para ver su interior. Era el "pack para principiantes", según decía también el folleto que venía dentro, parecido al primero que me había dado Daphne cuando la conocí. El *flyer* rezaba así:

TE ESTÁBAMOS ESPERANDO
TE DAMOS LA BIENVENIDA AL AFTERLIFE FESTIVAL
A PARTIR DE AHORA SE ABRE PARA TI UN MUNDO SIN PROBLEMAS
NI PREOCUPACIONES
DEJA FUERA TODO LO QUE TE AGOBIA
AQUÍ NO VALE NADA
AQUÍ VALES TÚ
HEMOS CREADO UN ESPACIO DE LUZ, MÚSICA Y COMUNIÓN
UN LUGAR DONDE PUEDES SACAR LIBREMENTE TU YO INTERIOR
AHORA ESTÁS AQUÍ
AHORA ESTÁS EN CASA
NO TENGAS MIEDO
YA NO HAY SOLEDAD
ESTÁS CON NOSOTROS FINALMENTE
DISFRUTA DE AFTERLIFE
ARE YOU READY FOR THE CHANGE?

X

Levanté la vista hacia el pasillo iluminado, que me invitaba seguir caminando. Sonaba una música de bienvenida muy ochentera, o eso me parecía a mí. Los estrechos muros desaparecieron cuando llegué al final y un espacio enorme se abrió delante de mí. Había bastante movimiento: individuos, parejas y grupos formaban la masa de casi mil almas bailando al ritmo de la música; al fondo se encontraba el escenario grande; en el centro y a uno de los lados había puestos para comprar bebida y *merchandising* del festival. Me fijé en la lista de precios, todo era obscenamente caro, como lo había sido la entrada. Y al igual que en la mochila que me habían proporcionado, la letra X estaba por todas partes: en las camisetas, en los minis de bebida, hasta pintada sobre los cuerpos de los presentes.

Mientras caminaba observaba el panorama, todo el mundo tenía un estilo muy propio, para destacar y diferenciarse del resto. Me llamaron la atención los diferentes colores de tinte en el pelo, la libertad con la que consumían de todo. Se podía decir que nadie encajaba y, por lo tanto, todos lo hacían. Lo mismo pasaba conmigo, allí no había nadie como yo. No me sentía en absoluto fuera de lugar, aunque permanecí cauta ante aquel nuevo universo desconocido.

Me di cuenta de que estaba sudando, hacia bastante calor

en todo el sitio. El ambiente se sentía cargado, aunque no exactamente para mal. Un olor dulzón inundó mis sentidos. Si no hubiese sido por toda la gente bailando y bebiendo habría pensado que estaba en una fábrica de caramelos. Además, notaba una vibración por todo mi cuerpo, como si hubiese electricidad en el aire. Era… Algo que fuera de allí no había sentido nunca…

Seguí avanzando entre la multitud mientras mi curiosidad se elevaba más y más.

"*WTF*. ¿Qué coño es este lugar?", me repetía a mí misma en cada paso.

Estaba a punto de descubrirlo.

CAPÍTULO 2

XTAR

x

LA EXTRELLA

XTAR

—HOOOOOOLA. ¡BIENVENIDA! —gritó una rubia muy sonriente. Fue ella quien me recibió con los brazos abiertos mientras yo caminaba hacia al escenario principal, que estaba totalmente vacío; allí la única protagonista, de momento, era la música que salía de los altavoces. Miré de nuevo a la chica, parecía como si formase parte del equipo del festival y se mostraba muy interesada en mí.

—¿Cómo te llamas?

—Me llamó Da…

—Te lo vas a pasar genial aquí, ¡ya verás! Tienes todo tipo de música, sobre todo de baile, porque aquí nos gusta mucho movernos, ¿sabes? Jajajajaja.

—…

—¿Dónde está tu X?

—¿Cómo?

—¡Tu colgante en forma de X! Te lo tienes que poner, todo el mundo lo lleva, ¿ves?

Miré alrededor. Efectivamente, todos ahí dentro lo llevaban puesto.

Busqué en la mochilita que me habían dado en la entrada, mi pack para principiantes, y ahí estaba. Una letra X

metálica sujeta de un cordón rojo. Me aparté un poco el pelo para colgármela, pero la chica rubia me la quitó de las manos.

—¡Tranquila, mujer! Yo te la pongo —dijo poniéndose a mi espalda y levantando mi cabello castaño.

—¿Por qué una *X*? —pregunté al observar la letra sobre mi pecho.

—Ahora lo verás. Ven —dijo agarrándome de la mano y llevándome con ella. Se giró un momento y me miró—. Por cierto, yo soy Linda. ¡Encantada!

Había MUCHA gente en la pista. Todos bailaban con la mirada fija en el escenario vacío, como si esperarán a que sucediera algo o apareciera alguien de la nada. Me empecé a agobiar un poco por la muchedumbre, el calor y la música, que ya sonaba más fuerte, o esa impresión tenía yo. Pero no me aparté de Linda, quería saber qué iba a pasar.

—¿Quién actúa? —pregunté.

—X.

—¿X es un grupo? ¿Todos estos son sus fans?

—Jaja, ay… ¡X es el dueño de todo esto, querida! Vas a flipar con él, es un tío súper sabio.

—…

—Déjame la mochila de bienvenida, hay algo más dentro.

Se la entregué y empezó a rebuscar en ella. Finalmente,

sacó una pastilla blanca y, oh… ¡sorpresa! Tenía grabada una *X* en el centro, por supuesto.

—Abre la boquita, tengo algo para ti.

Hago un inciso. Nunca he sido muy fan de las drogas, en general. Siempre he sido un poco rarita, la verdad. No necesito nada para bajar a lo más profundo o, al contrario, para subir muy arriba. Pero entiendo que la gente sí. Lo que no me gusta es ver lo que les pasa a algunas personas después de ingerir ciertas cosas o tras consumir durante mucho tiempo… La gente cambia mucho y la mayoría de las veces es… para mal.

Igualmente, sí que abrí la boca ese día. Yo ya estaba… en *La Otra Vida*.

Linda me llevó a una especie de palco VIP, a un lado del escenario. Un contador de minutos con una cuenta atrás se activó en la pantalla del show. Faltaban 45 minutos para que saliese X. Mientras tanto, le conté a Linda sobre cómo había llegado hasta allí, mis penurias del viaje incluidas. Ella me confirmó que, efectivamente, el tipo de festival que montaban no era muy apto para las grandes ciudades y que preferían hacerlo en un sitio donde no molestasen… ni les molestasen. Hacía especial hincapié en esto último. Pillé entonces que sí, yo estaba completamente en lo cierto y Linda trabajaba allí, igual que Daphne.

—¿Sabes? Creo que lo que hacemos está muy bien. Aquí la gente se distrae, se olvida de sus problemas. Ofrecemos una alternativa al sistema, que nos quiere a todos en el redil, sin protestar. Aquí todo el mundo puede ser libre. No se prejuzga a nadie. En este lugar cualquiera puede volver a empezar desde cero. No importa de dónde vengas, importa hacia dónde vas. El futuro. Tú.

Eran todo clichés, claro, pero sonaban bien y, sobre todo, coherentes. Yo cada vez me sentía mejor y más dispuesta a abrirme más con ella. No me pegaba un debate filosófico en mitad de un club pero a lo mejor era porque no había estado nunca en un concepto así antes. Me gustaba el planteamiento. O quizá era la pastilla haciendo su efecto.

—Dana, ¿tú qué buscas en la vida? —me preguntó.

—No lo sé. Supongo que ser feliz, como todo el mundo.

—¿Y eres feliz en este momento de tu vida?

—No…

—No te preocupes, cariño —agarró mis manos entre las suyas—. Todo va a ir bien. Estoy SE-GU-RA de que estabas predestinada a venir hoy aquí. Hoy no es un día cualquiera. Hoy se elige a la Xtar.

Estaba sobrepasada de información pero cada vez me sentía más cómoda. La cuenta atrás de la pantalla ya había alcanzado los 10 minutos.

—¿Qué es la Xtar? —me atreví a preguntar.

—Es todo un juego. Como una *performance*. No te asustes, es guay. Una vez al año, X elige a una chica entre el público. Esa chica en cuestión es la Xtar y, como tal, tiene la oportunidad de ver más de cerca cómo funciona todo esto por dentro, acercarse a sitios que otros normalmente no pueden ver, hablar largo y tendido con X... Aquí todas y todos quieren ser los elegidos. Estar cerca de X es siempre un privilegio.

—Pero ese tal X... ¿cómo es?

—Es genial. De verdad. Mira, te voy a contar una cosa. Porque ya somos amiguis, ¿no? —me guiñó un ojo y se le llenó de luz el rostro, como si fuese a contar un secreto importante—. Yo fui la primera Xtar. Fue hace cinco años, en el primer Afterlife. Yo no sabía nada de nada de la vida, era una chica perdida, tenía la mirada... ¡como tú! La tenía como tú. No digo que estés perdida. O a lo mejor sí. No lo sé. De todos modos, te digo una cosa: ni todas las canciones que te han hecho vibrar, las películas que te han enamorado, los libros con los que has llorado, todos los amores que has tenido, todas las veces que has reído... Nada es comparable a esa sensación. A ser la elegida. Es una pasada.

—Jo... Cuéntame más.

—Cuando yo llegué, el festival no era tan grande como lo

es ahora. Había un escenario mucho más pequeño y como mucho éramos unas cien personas, entre ellas yo. Entonces ocurrió. Salieron sus ayudantes al escenario, todos con capuchas rollo monjes, ya los verás en un momento. Y luego salió él, buscando a alguien entre el público. Y de pronto nuestras miradas se cruzaron. Así fue como pasó.

—¿Ahora trabajas para X? —me sentía bastante rara diciendo su nombre en voz alta. Pero estaba entrando en el juego.

—Me gusta estar cerca de él, es un honor poder ayudarle. Si X necesita algo, yo se lo proporciono. Después de todo lo que él me ha dado… es lo menos que puedo hacer.

Se acercaron dos personas al palco y, sin mediar palabra, le dieron algo a Linda. Ella asintió con la cabeza y los otros dos se marcharon. El contador estaba ya en los 5 minutos y mi corazón palpitaba muy rápido. No sé si estaba nerviosa o era el efecto de lo que me había tomado. O las dos cosas.

—Ten, es para ti —me dijo ofreciéndome un paquete del tamaño de una caja de zapatos—. Yo no lo necesito, pero todos los nuevos sí, es la tradición.

En el interior de la caja vi una tela color blanco, que se iluminaba con las luces de neón. Después miré hacia la pista. Las mismas personas que hace apenas minutos bailaban ahora llevaban una especie de túnica larga con capucha.

Parecía todo un puto ritual de secta satánica entre colores eléctricos y música electrónica. Real. Linda debió notar mi mirada extrañada y se apresuró a agarrarme la cara con ternura.

—¡CA-RI-ÑO! ¡Pero bueno! Es todo show. Espectáculo. Es todo POP. No tienes que asustarte. Relájate y pasémoslo bien. ¿Te lo pones?

Y me lo puse. Entre la temperatura, la ropa que llevaba debajo y la pastilla que me había dado Linda, empecé a sudar como una cerda. Otra vez.

La cuenta atrás en el contador llegó al final. De repente, todas las luces se apagaron y un sonido de bajo ensordecedor se hizo dueño de la sala. Me golpeó en el estómago y di un salto. Estaba en alerta de nuevo. La pantalla del escenario se iluminó con una *X* gigante y comenzó a abrirse por la mitad como si fuesen puertas correderas, cada una hacia un lado. El público de la pista empezó a gritar y aplaudir, deseosos de que empezase el espectáculo.

Al final Linda iba a tener razón. Todo show al más puro estilo concierto pop. ¿O había algo más? Una luz intensa se coló por la apertura de la pantalla y nos cegó. Y entonces, ellos. Diez figuras, con túnicas negras y capuchas tapando sus rostros, aparecieron y se quedaron completamente quietas sobre el escenario. Hasta que sonó el primer *beat* de batería. Y se movieron al unísono, cinco a un lado y cinco al otro. ¿Eran bailarines? No entendía nada. Y a continuación, una voz saliendo de los altavoces. Sabía que era él. Yo lo escuchaba: "Belleza intensa… Sabor intenso…". Una chica vestida de novia apareció en mitad de la escena, por detrás de los hombres con túnicas. Llevaba un ramo de flores en las manos. Mantenía la mirada al frente y el rostro serio. Los "monjes" formaron dos filas, una a cada lado de la tarima; después giraron sus cuerpos para verse frente a frente. Y se quedaron inmóviles de nuevo.

Cuatro bailarinas se sumaron al show saliendo por ambos lados del escenario. Ellas eran ahora las que se movían al ritmo de la música. Era todo un rollo *trance* muy noventero.

Yo estaba absolutamente flipada. El público en la pista bailaba y saltaba.

Linda, por su parte, estaba muy seria y atenta. Miraba constantemente a un lado y a otro, como pendiente de que todo saliese bien. Y entonces me fijé: se colocó un pinganillo en la oreja. No le di más importancia, puesto que ya sabía que trabajaba allí. Una chica con una X en el vestido nos trajo un par de copas. Linda me hizo una señal con la cabeza para que las recogiese. Le entregué una a ella, brindamos y bebimos. El líquido amargo me atravesó la garganta… llevándose a su paso todos mis problemas y preocupaciones.

Y de repente, la música se paró de golpe. Y llegó él.

El suelo del escenario se abrió dejando un hueco circular en el centro. Una figura ascendió por una plataforma elevadora. Por la ropa podría parecer que era otro de los hombres con túnica, pero supe inmediatamente que se trataba de X. El rugir ensordecedor de la masa en la pista, mientras aparecía él en escena, no dejaba lugar a la duda. Su túnica era más brillante que las otras y en un tono púrpura que destellaba entre las luces. La capucha cubría su cara. La plataforma en forma de círculo terminó de subir encajando perfectamente de nuevo en el suelo de la tarima y comenzó a girar mientras él no se movía del sitio, hasta que le dejó completamente de espaldas al público.

Una X dorada adornaba su espalda. Levantó los brazos, todavía dado la vuelta. La gente enloqueció. Era una puta estrella, joder. Estaba ansiosa por verle la cara.

—Atenta —me espetó Linda, sacándome de mi estado de obnubilación.

Entonces X bajó las manos y sacó un micrófono de uno de los bolsillos de su túnica. Sin revelar aún su rostro, pero volviendo a girar lentamente gracias a la base automática de la plataforma circular, sin mover él los pies, acercó el micro a su boca. Quedó ya de frente a todo el mundo. El público otorgaba un silencio máximo, esperando a su mesías. Y finalmente él pronunció sus primeras palabras:

—Aquí llega…

La música comenzó a subir de nuevo.

—¡LA XTAR! —gritó enérgicamente, mientras la audiencia entraba en éxtasis de nuevo y se retomaba el espectáculo de luces y música.

Entonces observé cómo se retiraba la capucha. Y ahí le vi por primera vez. Su cara, su pelo peinado hacia atrás, su barba. Era realmente muy atractivo. Como una especie de Jared Leto local. Tenía un magnetismo especial y entendí por qué la gente reaccionaba así. X miraba de izquierda a derecha al público, con una media sonrisa en el rostro. Parecía satisfecho de ver lo que provocaba con su llegada. Pero también parecía estaba buscando algo o a alguien. Y entonces me acordé: claro, la Xtar. Para eso estábamos allí.

—¿No es increíble? —Linda volvía a ser la chica súper amable de antes, había dejado la seriedad a un lado ya, quizás consciente de que todo había salido bien.

—Joder, ¡es una estrella! Real.

—Sí, pero la gente le adora por lo que es, no por cómo es. Déjame que te diga una cosa: no he aprendido con nadie más que con X. Su mente… uf.

—Pero, ¿qué es lo que hace? ¿Da charlas? —nada había en el mundo que odiase más que un gurú, pero seguía realmente intrigada por aquel señor incógnita. Además, estaba muy bueno.

—¿Charlas? Jaja. Cariño, X no vende humo. No vende nada, de hecho. Él dirige todo esto, se encarga de que todo el mundo esté bien. Vivimos todos aquí.

—¿Cómo?

—Todo esto es una comunidad, Change. Una vez al año hacemos el Afterlife Festival grande, y entre medias otros más pequeños, para recaudar fondos y poder seguir con nuestro proyecto.

—¿Pero qué proyecto?

—Vivir tranquilamente aquí, sin molestar a nadie, y seguir evolucionando como personas. Quien quiere se queda, quien lo desea puede estar un tiempo, y quien no quiere, pues se va. Estamos abiertos a quienes lo necesiten. Es un proyecto totalmente innovador.

La cabeza me daba vueltas. Demasiada información en muy poco tiempo. Las luces y la música pararon de repente, de nuevo. En la oscuridad, él volvió a hablar:

—Llegó… ¡LA HORAAAAA!

La música volvió a sonar. Mi corazón latía muy rápido. Linda se puso seria otra vez. Miraba a todas partes y también a mí. Y supe que había llegado el momento.

Ahora sí. X iba a elegir a la siguiente Xtar.

CAPÍTULO 3

COME TO
x
VEN A

COME TO

Nunca he tenido mucha suerte en nada. Bueno, se podría decir que tuve suerte de llegar al mundo en el entorno en el que crecí. Nunca me ha faltado de nada gracias a mis padres, sin importar los problemas entre ellos. Educación, techo, comida, lo tenía todo. Lo que quiero decir es que nunca he sido afortunada en sorteos, juegos de azar o cosas así. Tampoco en mis relaciones personales. Especialmente en las sentimentales.

Y después de todo ahí estaba, en Change. Bastante sola. Completamente sola. Daphne estaba desaparecida y eso que era ella la que me había convencido para ir hasta allí. Y de lo de mi ex… mejor no recordar. Pero, a pesar de mi "no suerte" en general, ese día iba a ser distinto. Lo sentía. Lo sabía.

Una luz iluminó a X mientras otro foco bailaba sobre el público buscando al elegido o elegida. Él volvió a tomar la palabra:

—Quiero que vengas…

La luz del foco me dejó ciega. No podía ver.

—…tú.

Clamor del público. Linda me agitaba del hombro y

gritaba de alegría. Yo seguía sin ver nada. Me quitó la capucha y me colocó el pelo.

—¿Yooo? ¿Soy yo la Xtar? —pregunté, aturdida.

—Cariño, es pronto para saberlo. De momento sube al escenario, él te quiere ver. Y te tiene que ver bien —terminó de prepararme.

Los dos hombres que habían venido antes a entregar el paquete con mi túnica volvieron a aparecer. Linda me hizo una señal para que me fuese con ellos.

—¡Todo va a ir bien! —sonrió abiertamente, como el primer momento que la conocí.

Me llevaron a través del público, apartando a la gente mientras todos intentaban acercarse a mí. Me preguntaba por qué teníamos que atravesar la pista cuando fácilmente podríamos haber subido al escenario por uno de los laterales. En un instante rápido logré alcanzar la mirada de él y lo entendí. Todo era un espectáculo. Para la gente. Para él. X lo estaba disfrutando, desde arriba.

Finalmente, llegamos a la tarima y me subieron por la parte de atrás. Alguien me colocó un velo blanco de novia sobre la cabeza. Parecía que iba a formar parte de todo el show. X estaba esperándome. Me miraba fijamente. Pero no veía amenaza en sus ojos, sino paz. Serenidad. Me hizo un gesto con la mano para que fuese hacia él. La música empezó a sonar de nuevo y todos los focos fueron a mi persona. Caminé despacio hacia donde X se encontraba, mientras la luz iluminaba el suelo con cada uno de mis pasos. Mis plataformas de rebajas eran protagonistas de una *performance* en vivo, quién lo iba a decir, vaya situación. Completé mi camino sin despegar mi mirada de la suya. Y entonces los pude ver de cerca. Esos inmensos y penetrantes ojos azules. Eran realmente magnéticos, no podía dejar de mirarlos.

Ya a su lado, lo primero que noté fue su olor. Olía MUY bien. Como a una mezcla entre lavanda y canela. A continuación, me fijé en su vestimenta, parecía como hecha a mano, de una calidad extrema. Luego observé su estatura, era un poco más alto que yo (no soy bajita) pero tampoco era un gigante. Y finalmente, su complexión. La verdad es que me gustó. Mucho. Aunque podía jurar que casi me doblaba la edad, más o menos, se conservaba muy bien. Y supongo que el contexto, la pompa y la puesta en escena ayudaban también. Finalmente estábamos ya frente a frente, mirándonos. No estaba nada nerviosa. Él me daba mucha tranquilidad.

Escuchaba lo que era ya para mí un murmullo de fondo del público, jaleaban y gritaban, pero a mí no me importaba. Era como si se hubiese formado una burbuja alrededor de nosotros dos. De repente, levantó la mano y apartó el velo de mi cara. Después me tocó la barbilla y me observó fijamente. Se me acercó poco a poco y susurró a mi oído:

—No es oro todo lo que reluce —fueron sus palabras antes de alejarse de mí y abandonarme allí.

Petrificada. Me había dejado completamente *K.O.* Descolocada. ¿Qué había querido decir con eso? ¿Se refería a mí? ¿Era yo ese falso oro brillante? ¿PERDONA? ¿Qué demonios…? ¿Pero este tío…? Tras soltarme su frase se alejó lentamente del escenario, dándome la espalda. El tío no caminaba, ¡flotaba! A ver, sé que caminaba, obvio, pero por el humo esparcido sobre el suelo y las luces a su alrededor parecía que volaba sobre la tarima. O supongo que era el último efecto de lo que me había tomado antes.

Estaba extasiada. Santificada.

La música seguía sonando, el público vociferando y yo ahí parada como una idiota mirando cómo se piraba y me dejaba ahí. ¿Qué se suponía que tenía que hacer? ¿Ponerme a cantar? Justo en ese momento llegó el relevo. Una mujer elegante e imponente apareció en escena y tomó las riendas de todo. Tenía el pelo corto ondulado y la tez oscura, a juego con su cabello y sus gafas de sol de mosca, con las lentes tintadas. Llevaba una chaqueta de cuero roja con el escote abierto pero colocada con sumo cuidado para no dejar ver más de lo necesario, que ya era bastante. Me fascinaba que no se le saliesen las tetas, ¡menuda fantasía! Completaba su *killer look* con botas altas y dando caladas a un cigarro que llevaba en la mano, que se acercaba con mucha sensualidad a los labios pintados de rojo locomotora, rojo pasión, un tono similar al de toda su ropa. Otra puta estrella. Pasó por delante de mí sin mirarme siquiera. Pidió con la mano un micrófono de manera impaciente y un técnico se lo acercó lo antes posible.

–Gracias por venir al Afterlife Festival.

Hablaba con un tono pausado. Tenía la voz ligeramente ronca y muy sexy. Aplausos y gritos de la audiencia. Mi cara debía ser un cuadro de comedor decorando la escena.

–Estamos muy orgullosos de cumplir cinco años ofreciendo un espacio de música y comunión para todos vosotros. A X, a todo su equipo y a mí nos hace muy felices veros aquí. Gracias de corazón por hacer de Afterlife un lugar seguro. A mucha gente le gustaría que no estuviésemos hoy aquí pero…, ¿sabéis que tenemos que decirles?… –pausa dramática–. ¡QUÉ LES JODAN!

La gente enloquecía. Calada. La música bajó y las luces adquirieron un color rojizo más acogedor. Ella siguió hablando en plan discurso motivacional.

–Me gustaría dirigirme un momento a los que habéis venido este año por primera vez. No quiero asustaros, soy una persona de paz. Mi nombre es Karmel. Como tanta gente, yo estaba perdida. Lo tenía todo: un trabajo, una casa, una pareja, amigos, ocio, ropa, todo lo último. Lo tenía todo… pero no tenía nada. Me levantaba muchos días para ir a la oficina y me decía a mí misma: "¿has venido al mundo para esto?". Sabía que tenía que haber algo más. Estoy segura de que no soy la única que se ha sentido así alguna vez. ¿Hay alguien más aquí? Levantad las manos, por favor. ¡Venga! ¡Venga! No os cortéis.

Se giró y me miró inquisidora. No me lo esperaba y pegué un respingo. Pero ella volvió a su discurso:

–Lo bueno de X es que él no juzga. Ahí fuera nos sentimos examinados todo el tiempo, ¿verdad? Por lo que hacemos, por lo que dejamos de hacer, por lo que llevamos, por cómo hablamos, por nuestra procedencia, por TO-DO. Pero en Change, nada de eso importa. Nada de eso LE importa. Los que venís por primera vez quizás os preguntaréis, ¿Change? ¿Qué es Change? Change, *cambiar*, como su propio nombre indica, es el lugar pensado para las personas que buscan la transformación. Pero la transformación a mejor. Evolucionar. Crecer. Dejar todo lo malo atrás y concentrarse en lo bueno, en construir, en avanzar. Change somos un pequeño grupo de personas que nos dedicamos a esa tarea. Todo el mundo tiene la bienvenida aquí, por unas horas, unos días o el tiempo que queráis. Pero ahora, os dejo seguir disfrutando, ¿lo estáis pasando bien?

Gritos del público. Yo, en silencio.

—Bien, os dejo. X tiene ahora una labor muy importante. Es hora de elegir a la Xtar de esta edición. ¡Seguid pasándolo bien! Paz.

Tiró el micro al suelo y levantó las manos haciendo una "X" al frente con los dedos índice. Se estaba pegando un buen baño de masas. Las pantallas anunciaron la siguiente actuación y de repente todo volvió a ser un festival de música. Karmel pasó por mi lado y me agarró del brazo para salir con ella del escenario. Me arrastró entre bastidores sin decirme ni una sola palabra. Yo le seguía el paso porque estaba bastante intimidada por ella. Y porque, aunque consciente de la manipulación, me había gustado su discurso. Paró en seco y chocamos la una contra la otra. Me aparté rápido porque noté que no era una persona a la que le gustase el contacto físico: su gesto de asco me lo indicó, aunque al darse cuenta de que lo había visto se recompuso al instante, con una sonrisa forzada. Me fijé en su cara, al igual que X, tenía una piel cuidadísima y lucía mucho más joven, pero supuse que podría tener la edad de mi madre perfectamente. Me arrancó el velo de un tirón. Habían pasado tantas cosas que ni me acordaba ya de que lo llevaba todavía en la cabeza.

Ahora ella me miraba como X lo había hecho sobre el escenario, antes de que me soltara su… ¿ataque?

—Bueno, ¿te gusta? —me preguntó muy seria.

—¿El… el qué? —respondí dubitativa.

—Él.

—Emm… sí, está bien.

—¿Está… "bien"?

Silencio incómodo. No entendía a esta mujer, tenía un rollo agresivo que chocaba de frente con mi personalidad cerrada. Pero sabía que si quería volver a ver a X para hablar con él y que me explicase lo que me había dicho frente a cientos de personas (había pasado de la confusión al mosqueo), tenía que pasar por ella.

—Te repito. ¿Te gusta?

—Sí —dije convencida esta vez.

Karmel hizo una mueca de satisfacción. Se quitó las gafas de sol y pude ver sus ojos negros, profundos, penetrantes, por primera vez. Joder, intimidaba de verdad, tuve que hacer un esfuerzo para que no se me notase. Por fortuna, siempre se me ha dado bien poner cara de póker y hacer ver como que no siento nada, eso lo he heredado de mi madre, creo.

—Y, ¿te gustaría ser la Xtar?

Quería preguntarle que en qué consistía, que si era un trabajo, que si esto, que si lo otro, pero sabía que se le cruzarían los cables. Así que, con falsa seguridad, respondí con el "Sí" más convincente de toda mi puta vida.

Abrió una puerta a sus espaldas:

—Pasa. Él está dentro.

Entré en una sala oscura, enorme. Pensé que Karmel vendría conmigo pero cerró la puerta desde fuera. Hacía frío, me agarré a mi túnica para abrigarme. Una cruz de neón roja se iluminó al fondo de la cámara. Y allí estaba él, de pie frente a la cruz, lo único que podía distinguir era su silueta. Tanta ceremonia me encantaba y me ponía de los nervios a la vez. ¿No había dicho antes que siempre había sido rarita? Estaba flipando todo el tiempo, la verdad. También tenía miedo… pero me armé de valor, respiré y se lo solté:

—¿Por qué me has dicho eso antes?

Movió levemente el torso hacia atrás, como con sorpresa. Supongo que no esperaba que tomase la iniciativa. O que no estaba acostumbrado a que la gente se le adelantase.

—¿El qué?

—Lo que has dicho, que no es oro todo lo que reluce.

—Muy sencillo. Porque es una verdad universal. Piensa en todas las veces que algo parecía maravilloso y al final caes en la cuenta de que no lo era tanto, en realidad. Y por fin ves más allá de la simple apariencia. Lo comprendes. Lo conoces. Sabes más.

—¿Entonces soy yo eso? ¿Una imitación del oro? ¿Una decepción?

—¿Tan poca confianza tienes en ti misma?

—Pues mira, sí. Real.

—¿Para eso has entrado aquí ahora? ¿Querías que me retractase y te dijese que me he equivocado antes? Y que tú vales mucho más que el oro, etcétera. Pues verás, aunque yo te dijese eso, no te valdría de nada. Porque yo no puedo convencer a nadie de que vale mucho si esa persona siente que no vale nada por dentro.

—...

—¿Por qué estás aquí?

—Una chica, Daphne. Ella me convenció para venir. Trabaja aquí, ¿la conoces?

—Te estoy preguntando el motivo real. ¿Por qué estás aquí?... En Change.

—Es... Es lo que quiero averiguar.

Salió de la penumbra y se acercó a mí. Pude ver que llevaba una ropa diferente a la del escenario. Tenía una camisa blanca y pantalones de vestir. Ahora parecía un hombre de negocios... o un novio a punto de casarse. Se paró y nos quedamos frente a frente:

—Y yo quiero ayudarte a que lo averigües. Como ya has oído antes, vamos a elegir a la Xtar pronto. Es nuestra tradición. Me encantaría que este año fueses tú la elegida. Si tú quieres, por supuesto… ¿Quieres?

Ahora X estaba ahora muy dulce y atento.

—Sí —respondí. Esta vez lo dije de verdad. Me intrigaba descubrir qué y cómo era eso.

Una sonrisa se dibujó en su rostro. Parecía otra persona, desprendía una ternura muy difícil de explicar. Me agarró de las manos:

—Qué maravilla. A mí también me gustaría que lo fueses —bajó la cabeza y puso cara de tristeza—. Pero no depende únicamente de querer serlo. Si tiene que ser, será.

—No… no te entiendo.

Me acarició la cara y volvió a poner su mirada de ternura.

—Yo quiero que seas tú. Y voy a hacer todo lo posible para que así sea. Pero antes, hay un sitio que quiero que veas.

—¿Eh? ¿Qué sitio?

Se dio la vuelta y me hizo un gesto para que fuese con él.

—Bratislava.

CAPÍTULO 4

BRATISLAVA

BRATISLAVA

Existen momentos en los que nos lanzamos a situaciones sin pensar realmente en sus consecuencias. Como si nos tirásemos de cabeza a una piscina de la que desconocemos su profundidad. Y luego tocamos fondo. Pero acabamos pagando después cada resultado, y bien pagado. Un dolor… duradero.

El lujoso jet privado nos esperaba fuera del recinto donde se estaba celebrando el Afterlife. Y estaba listo para despegar.

"¡¿Pero qué?!", pensaba al caminar hacia a la aeronave, al lado de X.

—Espera —me detuve—, ¿vamos a Bratislava? ¿Bratislava, Eslovaquia? ¿De verdad? No llevo encima cosas de viaje y…

—Ay, chica. No. Sí vamos a Bratislava. Pero a MI Bratislava. ¡Ven!

Me quité la túnica blanca que llevaba encima desde el show y me quedé con el vestido de flores con el que había llegado al festival. X me miró de arriba abajo, me sonrió y me tendió la mano para ayudarme a subir al jet. Cuando me agarró sentí sus manos frías, como palpar un hielo o la nieve del invierno. Eran las manos más gélidas que había tocado nunca. No exagero.

Montamos. El interior era bastante ostentoso y tenía mucho espacio. Era una cabina con seis sillones blancos, un mini bar y un baño. Detrás de nosotros subió un hombre vestido de negro, que nos ofreció de beber. Dos copas de champán llegaron a las manos de X y a las mías. Brindamos. Me acerqué mi recipiente a la boca para simular que sí lo hacía… pero no bebí ni una gota, no quería introducir ninguna otra sustancia más en mi cuerpo. No podía arriesgarme. No debía. Quería estar en mis cinco sentidos.

X hizo una señal con los dedos al piloto que se encontraba con nosotros en la cabina y nos pusimos en marcha. Nos sentamos uno al lado del otro. A los pocos minutos ya en el aire no podía ver mucho por las ventanillas, pero tenía la sensación de que volábamos en círculos. X me miró y sonrió de manera pícara.

—Ya sé lo que estás pensando.

— ¿Sí? ¿Y qué estoy pensando? —le seguí el rollo. Siempre me ha gustado el juego de la seducción entre dos personas. Además, en el trayecto descubrí que me divertía intentar picarle. Hacerle sentir que él no tenía el control—. Tú te crees que, porque eres el dueño de todo esto, y porque yo soy más joven que tú, estoy intimidada. Pero no lo estoy. Esto no me intimida para nada.

—Eso lo estás diciendo tú, yo no.

—Bueno, ¿y qué estoy pensando yo? A ver.

—Piensas: "¿Por qué este tío INTENTA impresionarme?".

—Hmmm… más o menos —respondí.

Las luces del interior se atenuaron y de repente se creó un ambiente más íntimo.

—No intento impresionarte —dijo X muy cerca de mi oído—. Pero tengo buenas intuiciones. Cuando te vi en el palco algo en ti me llamó la atención. Aparte, sabía que si estabas allí es porque te habías ganado la confianza de Linda. Y quien se gana la confianza de Linda tiene automáticamente la mía.

—Ahá —asentí sin muchas ganas, no me gustaba demasiado cuando se ponían en plan clan. Creo que X lo notó, porque cambió el rumbo de la conversación.

—Lo que quiero decir es que siento que vales la pena y te quiero conocer. No eres como el resto que viene al festival. Y me gusta compartir con la gente que creo que es interesante. ¿De qué sirve tenerlo todo y no tener a nadie más para disfrutarlo?

—Bueno, mucha gente piensa que el dinero en sí mismo soluciona todos los males, ¿no?

—Todo el mundo habla de dinero. Todo el mundo quiere

dinero. Pero, ¿qué haces con el dinero si tu alma está rota?

Eso era exactamente lo que pasaba por mi mente. Así que en realidad no me había mentido y sí estaba anticipando mis pensamientos. "Ya sé lo que estás pensando". Me estaba entrando miedo y mal rollo. Empecé a jugar nerviosamente con mis manos para tranquilizarme. Funcionó. Él prosiguió:

–Todo lo que tengo me lo he ganado con mucho esfuerzo. Me gusta estar bien, como a todo el mundo. No creo que nadie elija de por sí estar mal. Pero las personas que contamos con el privilegio de poder vivir con comodidades también tenemos la responsabilidad de trabajar para mejorar las cosas para el resto. Ahora, dime: ¿qué piensas tú?

–Pues pienso que mucha gente ni siquiera lo intenta ni se preocupa de los demás porque es mucho más fácil vivir concentrado en uno mismo y siempre quejándose de las mismas historias.

–Exacto –X se giró sobre su asiento para verme de frente–. ¿Sabes qué?

–¿Qué?

–Me gustas.

–Qué bueno.

Las luces interiores del jet subieron de nuevo. Habíamos llegado a nuestro destino.

Tenía la sensación de que no estábamos muy alejados del

lugar del festival pero el desconocimiento total del entorno no me permitía asegurarlo. Aterrizamos a pocos metros de lo que parecía ser una especie de polígono industrial del futuro. No era hostil por fuera, como el almacén en donde se celebraba el festival, sino un complejo relativamente grande y bastante nuevo a simple vista. Entre luces de enormes focos, de tonalidades cálidas y frías, se alzaban los diferentes edificios. Una torre con una llama coronaba la estampa. Allí hacían algo, pensé que fabricaban cosas o peor aún: que quemaban gente. Pero vamos, no quería ponerme en ese plan porque tampoco tenía ninguna opción de huir llegados a ese punto. Decidí ser práctica y seguir con la coña:

—¿Bratislava es un polígono?

—No, Bratislava está dentro. Y esto no es un "polígono", deslenguada. Es un complejo industrial.

—¿Ah sí? ¿Y de qué es la industria?

—De varias cosas muy aburridas que ahora no te voy a contar. Pero gracias a esto podemos vivir en Change y hacer el festival cada año y muchas cosas más. Ven. Vamos por aquí.

Dejamos atrás el jet y a la gente de X. Empezamos a caminar los dos solos entre los edificios. Ninguno de ellos tenía nomenclatura de ningún tipo ni señalizaciones. Tampoco había puertas de acceso. Las pocas ventanas que se veían estaban a más de diez metros del suelo. Supuse que todos los edificios debían de conectarse por dentro los unos con los otros. Nada estaba identificado como nada: laboratorio, planta de producción, oficinas…, absolutamente nada. Iba absorta en mis pensamientos, intentado acumular la mayor cantidad de información posible, por si acaso.

—¿Tú fumas? —me preguntó de repente.

—¿Eh?

—Que si fumas.

—No, no.

—Yo tampoco. Me da mucho asco. Karmel fuma como una carretera. No lo aguanto pero no consigo que lo deje. Es lo único en lo que no da su brazo a torcer.

—Es durilla, ¿no?

—¿A qué te refieres?

—No ha sido muy amable conmigo antes.

—¿Te ha tratado mal?

—No, mal no. Es solo que ha sido un poco borde.

—Entonces no te ha tratado mal. No todo el mundo es igual. Hay gente más abierta y otra más cerrada. Tú misma pareces bastante introvertida, en general, ¿me equivoco?

—Vale, sí soy.

—Karmel es rígida. Pero es buena. Y una profesional

excelente. Haría lo que fuese por toda la gente de Change. No encontrarás a muchos como ella. Y menos por ahí fuera. Es única.

—Perdón, no quería importunarte.

—No es nada. Pero tienes que aprender a respetar a quien no es igual que tú. Desde ahora no lo hagas más.

No me gustaba nada el tono paternalista, ni que me diese órdenes, pero había una parte en la que tenía razón. Quizás estaba prejuzgando sin saber. Había algo en X que me invitaba a bajar la guardia y aguantarle cosas que de normal no pasaría a otras personas. Tampoco estaba en mi mejor momento vital, claro. Todo era muy extraño.

—Ya hemos llegado.

Estábamos frente al único edificio diferente del resto. Tenía unas grandes vidrieras opacas que no dejaban ver el interior. Por su tamaño se adivinaban varias plantas y espacio amplio dentro. Tampoco tenía ninguna identificación pero sí alcancé a ver una *X* pequeña en lo que supuse que sería la entrada, un cuadrado metálico color blanco que encajaba perfecto en el concreto de la fachada. X rodeó mis manos con las suyas y dijo con voz sugerente:

Ven a Bratislava.

En ese momento introdujo una tarjeta, en diagonal, por la ranura de la *X*. Escuché un chasquido metálico y la puerta se separó unos centímetros hacia atrás. Al ver que X no hacía ademán de abrirla por completo me adelanté yo para intentarlo, pero me paró.

–Espera. Las cosas buenas les llegan a los que esperan.

Un pitido corto, casi imperceptible y la puerta comenzó a deslizarse sola hacia la izquierda. X me miró de soslayo:

–¿Qué te parece?

–Muy efectista. Pero va un poco lento.

–Luego dices que Karmel es borde.

–Al menos yo no fumo.

Le acababa de conocer, sí… pero parecía que nos conocíamos desde siempre y me encantaba cuando peleábamos sin pelear. X tomó mi mano y me invitó a caminar hacia el interior. Lo que descubrí era un salón recreativo GIGANTE con máquinas de arcade. Se accedía bajando por unas escaleras mecánicas, en plan centro comercial. No había mucha luz pero todas las máquinas estaban encendidas y aportaban sus propias gamas de luces rojas, azules, amarillas, verdes…, esperando a jugadores inexistentes para montar sus coches, disparar sus pistolas o aporrear sus módulos de baile. Pero allí no había nadie para jugar. Era como un *mall* estadounidense antiguo, pero abandonado. Daba un poco de miedo. El suelo y las paredes eran de colores blanco y vainilla, muy estilo retro de los años ochenta, con plantitas de plástico por todas partes. Se sentía increíblemente frío. Vacío. El imponente silencio solo lo rompían nuestros propios pasos, junto a los arcades de fondo, cada uno con su propia personalidad y banda sonora. Con su propia historia.

X me hizo una visita guiada por las instalaciones. Había todo tipo de juegos de todas las épocas. Todos en funcionamiento y emitiendo sus sonidos particulares a la vez, luchando por atención de los dos únicos posibles jugadores en ese momento. No era experta en videojuegos, pero pensé que todo el material de coleccionismo concentrado allí debía de valer una verdadera fortuna.

—Bratislava es mi refugio. Es el sitio donde vengo cuando necesito desconectar, descansar o simplemente reencontrarme conmigo mismo. Con la base, con lo que soy. ¿Sabes cuándo sientes que estás perdido y necesitas un anclaje para no hundirte?

—Más de lo que crees.

—Sabía que lo pillarías. No eres como el resto. Pues eso es este lugar para mí. Tiene muchas de las cosas que me gustan y que he ido reuniendo con tiempo, dinero y esfuerzo. Pero es curioso porque, a pesar de todo lo material, este sitio es más espiritual que otra cosa para mí. No es el valor de lo que contiene, que es mucho, es todo lo que me hace sentir cuando vengo. En paz. Conectando conmigo mismo.

Cuando X hablaba en plan discurso era muy atractivo de mirar y escuchar. Sus ojos azules se iluminaban y él emitía un brillo aún más especial. Era como estas personas interesantes que te atrapan hablando porque no hablan solo para ti, también se están hablando a ellos mismos a la vez, intentando encontrar respuesta para sus preguntas vitales más profundas. Fantasía. X se nos estaba descubriendo a ambos a la vez. Y yo quería más y más. Debió notar que estaba flipada, porque intentó sacarme de mi estado.

—Vaya chapa, perdona. ¿Te estoy aburriendo?

—Joder, no —me coloqué el pelo para atrás—. En serio, no. Me parece muy interesante. Ojalá tuviese yo un sitio así al que ir cuando todo está mal.

—A ver, lo bueno de esto es que no necesitas que sea un lugar físico. Puede estar dentro de ti, en tu cabeza, en tu corazón, en tu propia respiración. Y te refugias allí cuando lo necesitas. Para mí, Bratislava es este sitio, sí, pero también está aquí —se puso la mano derecha en el pecho—. Si tú quieres, puedes crear tu lugar sagrado dentro, ése al que nadie puede acceder, tu santuario. ¿Te gustaría algo así?

—Más que gustarme, es que lo necesito ahora mismo.

—Es muy fácil. Yo te puedo ayudar, si te quedas unos días en Change. Te puedo dar algunas herramientas para que tú misma lo construyas en tu interior —me sonrió y bajó la cabeza.

—¿Qué? —pregunté irritada, pensaba que había dicho alguna tontería antes y que se estaba burlando de mí.

—Nada. Es que siento una conexión contigo. Me recuerdas mucho a mí.

—Y tú a mí —me relajé.

—Pero…

Se puso frente a mí y se acercó a mis labios. No iba a dejar que X tomase la iniciativa, ya controlaba demasiado, lo controlaba todo ahí. Así que fui yo la que le besó, antes de que pudiese reaccionar. Se quedó parado un momento.

—¿Qué haces? —me preguntó muy serio.

—¿Y tú?

—¿Yo? Intentaba darte el primer beso.

—Lo sé, por eso te he quitado ese poder.

—¡No! No lo has hecho.

Me di la vuelta victoriosa para seguir con el juego. X me agarró de la mano y me llevó a una de las máquinas. Era un juego de carreras, había dos asientos de coches de color amarillo, uno al lado del otro. Me apoyó contra el respaldo de uno de los asientos y me acercó a él por la cintura.

—¿Estás segura de eso? No quiero que pienses que hemos venido hasta aquí para que me quites el poder de todo.

–Ahora sí que me aburres.

Metió la mano por debajo de mi vestido. X ya no tenía el tacto frío. Y a partir de ese momento dejamos de hablar. Hacía tiempo que no había estado tan bien con nadie, especialmente después de mi incidente con Ritch y sus amigos. Lo de Daphne había sido divertido y me había servido para seguir adelante, pero no tenía nada que ver con esa nueva sensación. Estar con X era sentir una conexión que iba más allá de lo físico. Sentía que me entendía y que se preocupaba por mí, porque en todo momento había estado atento conmigo. Hasta que me di cuenta de un detalle: no le había dicho mi nombre. Me quedé helada. Lo aparté de mí.

–¿Qué ocurre?

–Yo sé cómo te llamas pero tú no sabes cómo me llamo yo.

–¿Por qué estás tan segura? ¿Y si me lo ha dicho alguien del equipo?

–Ah…

–Escucha. Tu nombre es algo que eligieron por ti cuando ni siquiera podías elegir tú. Nos viene impuesto y en muchos casos nos define para el resto de nuestra vida. No te lo he preguntado porque es lo que menos me importa de tu persona. No necesito una palabra para referirme a ti, cuando puedo conocerte cómo eres de verdad por dentro. Y si en algún momento quiero referirme a ti con un nombre, quiero que sea el que elijas tú, si entras a Change. Como Karmel eligió el suyo. Como yo mismo elegí el mío. ¿O te crees que mis padres me pusieron a mí X?

—¡Yo qué sé! Pensaba que venía de uno más largo, por Máximo, o algo así.

—Jajajajaja.

—¿Qué pasa? O Alex. ¡No sé, joder!

—Eres muy divertida. ¿Cómo quieres que te llame?

—No lo sé, lo tengo que pensar. Mi nombre real es…

—Shhhh.

Me puso el dedo en la boca para callarme. Pasó la yema suave y lentamente sobre mis labios y lo giró. Sentí su uña tocando mis dientes hasta que por fin lo introdujo del todo. Cerré los ojos y nos dejamos llevar.

Llevábamos horas en Bratislava, pero podía notar que todavía no había amanecido por la oscuridad del exterior en las ventanas del techo. Las miraba acostada sobre la gran mesa de pinball donde X y yo nos habíamos conocido en la intimidad. Él se encontraba a mi lado sin dejar de verme.

—¿Tienes hambre? —preguntó levantándose.

Sí tenía. Ambos nos vestimos. X me dirigió de la mano a

la zona del bar. Estaba todo impecable y listo para probar: patatas, bocadillos, palomitas, chuches y hasta un dispensador de bebidas con más de una opción para elegir. Pensé en el esfuerzo y el gasto en mantenimiento que debía suponer tener un sitio así, siempre preparado para él. Después de escoger qué comer nos sentamos frente a una mesa.

—Pues es una pena —dije yo a medio bocado.

—¿Una pena el qué?

—Que no haya más gente que pueda disfrutar de todo esto. ¿Por qué no lo abrís al público?

—¿Y destrozarlo? Los de fuera no valoran nada, deja, deja. Aparte, ¿quién te dice que no haya personas que lo disfruten ya? Traemos a la gente de Change en ocasiones especiales. O cuando notamos que están un poco desanimados, les regalamos una visita aquí para que se distraigan.

—O sea que… ¿También les ofreces el servicio completo, como a mí? ¿O he sido la primera en inaugurar la mesa de pinball?

—Qué tonta eres, de verdad. ¿Te crees que me voy con cualquiera?

—Y yo qué sé, no te conozco.

—Me conoces más de lo que crees. Y yo a ti también.

Seguimos comiendo en silencio. Y entonces, me

preguntó:

—¿Vas a quedarte unos días conmigo?

—No lo sé, ¿quieres que me quede?

Me miró serio. Entendí que la pregunta no iba en broma. Tomé aire.

—Mira, no lo sé, yo he venido a un festival. Aunque no creo que nadie me eche de menos si no vuelvo… bueno, mis padres, supongo. Pero no puedo quedarme así porque sí.

—No es porque sí. Es para trabajar en ti misma y conocerte mejor. Para resolver las cosas que tienes pendientes. Para ver lo que hacemos en Change y, si te apetece, hacerlo con nosotros. Y para estar conmigo. ¿Te parece poco?

—Vale, vamos a hacer una cosa. Volvemos a la máquina de carreras, pero ahora vamos a usarla para lo que fue construida: para jugar una partida. Y si tú ganas… pues me quedo unos días aquí.

—¿Y si ganas tú?

—Reconoces que el primer beso antes te lo he dado yo, y no al revés.

—Me he acercado yo a ti.

—¿Trato o no trato?

Se lo pensó durante cinco largos segundos y al final aceptó.

–Trato.

Ocupamos posiciones uno al lado del otro en los dos asientos amarillos. Yo me agarré fuerte al volante, que sobresalía bajo la pantalla frente a mí, para concentrarme. No me gusta perder ni en la cola del súper, siempre acelero el paso cuando voy acercándome a las cajas y atisbo competencia cerca también, en parte para llegar antes, en parte para acabar con el trámite de pagar lo antes posible, etcétera. Joder, voy a ser terrible cuando sea una abuela, o afortunadamente para entonces todo serán cajas automáticas unipersonales, o ni estaremos aquí ya, que es lo más probable. En cualquier caso, quería ganarle a X. No tanto para que reconociese lo del beso, ya ves tú.

Es que quería: GA-NAR-LE.

–¿Estás lista?

–Sí.

Sacó la misma tarjeta con la que había abierto antes la puerta principal de Bratislava. Me pregunté si era una tarjeta maestra que funcionaba para todo allí. La introdujo por una ranura de la máquina para empezar la partida. Seleccionamos modelo y color de coche en las pantallas: yo uno rojo, él uno azul. X eligió el circuito para principiantes, lo cual me molestó un poco.

–No necesito que me des ventaja, ¿eh?

–No es para darte ventaja, respondona. Pero yo he jugado muchas veces antes y tú a lo mejor no, así estamos equilibrados.

Resoplé en silencio e hice un gesto de inconformidad. En el fondo me molaba que se preocupase de esas cosas, pero ya le había demostrado que si estaba ahí con él… precisamente tonta no era.

Las pantallas nos llevaron a la línea de salida y las sobreimpresiones indicaron la cuenta atrás.

ROLLING START

3...

2...

1...

GO!

Pisé el acelerador y en nada me puse en más de 300 kilómetros por hora. Tenía que controlar el volante porque había demasiadas curvas y con cualquier descuido podía irme fácilmente fuera de la pista. Miraba de reojo a X y parecía llevarlo todo sin problemas. No estábamos solos en la carrera, había un total de treinta coches en la competición. Al poco tiempo me coloqué en primera posición. X iba segundo. Me pregunté si me estaba dejando ganar.

Lo estaba pasando mal llegando a la recta final. No quería frenar para no ceder mi puesto, pero con cada curva retrocedía. X estaba súper concentrado. En un momento su coche embistió al mío y me adelantó cruzando un puente. Los asientos estaban preparados para vibrar con cada movimiento del juego. Su impacto hizo que pegara con un bote y perdí el control por un segundo. Estaba en segunda posición cuando pasamos el último *check point*. Era mi última oportunidad. Veía la meta. Pisé el acelerador a tope y conseguí ponerme a su nivel, pero el coche azul de X volvió a golpearme y me sacó de la pista. Las letras en la pantalla brotaron:

A NEW WINNER!

El audio del juego lo leyó en voz alta, casi como si se burlara de mí. Había una nueva persona ganadora… y no era yo.

—Enhorabuena —dijo X extendiéndome la mano—. Has jugado muy bien.

—He jugado muy bien pero he perdido.

—No, has ganado porque te quedas en Change. Bienvenida.

Se acercó y esta vez sí que me besó él a mí. Nos volvimos a enredar y pensé que quizás no estaría tan mal quedarme un tiempo por allí y probar. No tenía nada por lo que volver en casa.

No tenía nada que perder.

O eso pensaba yo en ese momento.

CAPÍTULO 5

THE ONLY ONE
x
LA ÚNICA

THE ONLY ONE

Recuerdo cuando era pequeña y mis padres me llevaban a algún sitio nuevo: un sendero de montaña, pasear a orillas de un río, visitar un parque desconocido. Todo me parecía muy grande y emocionante. Aunque también me daba un poco de miedo. Cuando eso pasaba los miraba, ellos me sonreían y yo me calmaba. Y entonces me ponía a explorar bajo su supervisión. Tuve una infancia feliz porque me sentía muy querida y protegida, principalmente por mi padre. El problema llegó cuando crecí y tuve que empezar a cuidarme sola. Por muchas herramientas que te den tus progenitores o cuidadores, por muy bien que intenten hacerlo, siempre va a haber factores externos con los que es imposible contar de antemano. En mi caso, esos factores fueron él y ellos. Ritch y sus amigos. Estaba tan jodida por el daño emocional que me habían provocado que cuando conocí a X me lancé de lleno a todo lo que me ofrecía. Quería poder volver a confiar en alguien, que me entendiera y no me hiciera daño en el proceso. Quería no volver a sentirme sola… Bendita inocencia.

La luz del sol se asomaba ya tímidamente sobre los edificios del complejo industrial, que se veían a través de las cristaleras del interior. Se nos había hecho de día con la tontería. Llevábamos toda la noche en Bratislava. X decidió que era hora de volver a Change. Nos dirigíamos abrazados hacia la salida cuando escuché un alarido, muy a lo lejos:

—¿¿Has oído eso?? —me paré de golpe, asustada.

—¿El qué? ¿Qué dices?

—Parecía… como alguien gritando.

—No hay nadie aquí dentro, jajaja, solo nosotros. ¿Será uno de los juegos? El *Night Trap* es de terror, un clásico infame de 1992. Casi lo censuran en Estados Unidos por su contenido, el caso llegó al Senado allí y todo… ¡fue un escándalo! Y tenía que tenerlo en mi colección, por supuesto. Habrá sido eso. Ven, vamos fuera —sonrió para calmarme y me agarró de la mano para seguir caminando.

Cuando salimos al exterior del complejo el jet privado de X ya no estaba esperándonos. Sacó su teléfono y en cinco minutos un coche negro llegó a por nosotros. Yo comprobé mi móvil, pues no lo había mirado desde que había entrado al festival. Estaba muerto, no tenía batería.

—Oye, ¿no tendrás un cargador de…?

—Luego lo miramos. Pero no te va a hacer falta.

—Yo creo que sí.

—¿Por? ¿Acaso te has acordado del móvil esta noche? ¿Lo has necesitado en algún momento?

Y la verdad era que no, estando allí no había sentido la necesidad ni el deseo de verlo. Lo cual era raro en mí, porque fuera no podía vivir sin mirarlo cada dos por tres.

—Vamos a entrar —dijo X abriendo una de las puertas del vehículo.

Se me cerraban los ojos en el coche. No había dormido nada en casi veinticuatro horas y no lo noté hasta que me senté dentro. Se me vino todo el cansancio encima. X me agarró de la mano.

—Todo va a ir bien —me dijo al oído.

—Si me voy a quedar, voy a necesitar…

—No te preocupes, Karmel se encargará de todo.

—¿Ella? No le caigo muy bien.

—No es que le caigas bien o mal. Karmel hará lo que yo le indique. No te preocupes. Aquí el que manda soy yo.

Me soltó la mano y se dirigió al conductor:

—Pasa por Change, ella se queda con Karmel.

—¿Usted va a Ginza?

—Sí.

"Ginza", me esforcé para registrarlo en mi mente. Me estaba durmiendo, pero pillé el dato. Supuse que, al igual que Bratislava, no era el barrio de lujo de Tokio, sino otro lugar ficticio suyo de allí con nombre de sitio real. Luego sentí una punzada extraña muy dentro, al comprender que nos íbamos a separar.

—¿No vamos a estar juntos? —dije tocando su hombro y despertándome preocupada.

—Es mejor que descanses ahora.

—Pero…

—Si no puedes ni abrir los ojos. Descansa unas horas y nos veremos después. Yo tengo que hacer varias cosas.

—Vale… —ya no podía más. Cerré los ojos definitivamente y me dejé llevar por el viaje.

Cuando desperté vi un techo blanco sobre mi cabeza. "Un techo desconocido", me dije a mí misma. Obvio, no estaba en mi casa. Sentía el cuerpo entumecido. Me estiré y bostecé. ¿Cuántas horas llevaba durmiendo? Miré a mi derecha y allí estaba ella de pie y quieta, de perfil. Era Karmel.

Llevaba ropa más discreta, aunque mantenía el estilo extremo con el que la había conocido. Su ajustado vestido negro de cuero hacía que las curvas de sus caderas resaltaran, al igual que su trasero firme; sus pechos ahora estaban ocultos, aunque no reprimidos, bajo un top blanco de tirantes. Ahora podía ver sus ejercitados brazos. Afortunadamente, ahora no estaba fumando, aunque llevaba un mechero en la mano. "La loca esta va a prenderme fuego en cualquier momento", pensé. Mi cabeza se va muy fácil y siempre me pongo en lo peor. Pareció como si hubiese escuchado mi mente porque se giró a verme. Nos miramos a los ojos. Por fin habló ella:

—Bienvenida.

—Gracias.

—De nada.

—¿Cuánto tiempo he dormido?

—Horas.

—¿Cuántas?

—Muchas.

—¡¿CUÁNTAS, JODER?!

Karmel no respondió, se dio la vuelta haciendo ademán de marcharse. A medio camino se giró, como si hubiese cambiado de opinión y se abalanzó sobre mí. Me agarró del brazo y me dijo, con voz serena y tranquila:

—Yo no he dicho que estés aquí. Pero es decisión de X y mi trabajo es respetar que lo que él indique que es mejor. Lo comparta yo o no.

Por primera vez vi en sus ojos negros algo más. Era como una especie de tristeza, de las que se posan en el fondo de la mirada y de vez en cuando se dejan vislumbrar entre la dureza y la amargura. Me dio pena y me calmé. Ella prosiguió:

—Pero si vas a estar aquí yo tengo que asegurarme de que vas a estar bien. X quiere que estés bien. Pero hay ciertas reglas. Si tú me tratas bien, yo te trataré bien. ¿Estás de acuerdo?

—Lo mismo digo.

—¿Te he tratado mal?

—Por lo pronto me estás haciendo polvo el brazo —me soltó—. Y has sido muy borde conmigo desde ayer.

—No fue ayer. Llevas día y medio durmiendo.

—¡¿Qué?!

Me levanté alarmada y me di cuenta de que me fallaban las fuerzas. Necesitaba comer algo.

—Tengo… Tengo hambre.

—Yo te traeré lo que quieras. Y luego iremos a buscarte ropa.

—¿Dónde está X?

—En Ginza.

—¿Eso qué es?

—La residencia donde vive él. Y donde vive también la Xtar cuando es elegida y nombrada.

—Entonces debería estar allí con él…

—¡JA! —emitió una risa sarcástica que me hundió—. La Xtar todavía no está seleccionada. ¿Te crees que eres la única?

—Pero…

—Voy a buscarte comida. ¿Qué quieres?

—No quiero nada. Se me ha cerrado el estómago.

—Te traeré lo que yo considere, entonces. Hasta ahora.

Se marchó y cerró de un portazo, que resonó en mi cerebro junto a su carcajada: "¡JA!". ¿Qué mierda estaba haciendo yo allí? Me fijé en mi ropa. Alguien me había cambiado y puesto unos pantalones cortos y una camiseta blanca con una *X* sobre la parte izquierda de mi torso. La habitación era amplia. No tenía lujos pero era muy acogedora. Contaba con baño privado, ropa de cama y un neceser. Era como una habitación de hotel. Me levanté para verme en el espejo que colgaba de la pared. La verdad es que tenía buena cara. Se podría decir que había tenido un sueño reparador. Me dirigí a la puerta de la habitación, quería comprobar si estaba atrapada ahí dentro o no. Pude abrirla sin problemas hacia el exterior. Bajo el sol parecía que me encontraba en una villa con muchas habitaciones similares a la mía, como si estuviera en un campamento de verano. Caminé despacio hacia la cabaña más cercana, no se veía nada de vida a través de la ventana, solo camas vacías y algunos utensilios del día a día. Escuché unos pasos a lo lejos y me volví a meter dentro de la mía.

Karmel llegó con comida y una maleta y yo me hice la

sorprendida. Devoré todo lo que trajo sin preguntarme a mí misma qué era, estaba tan canina que eso me dio un poco igual. Después me duché mientras ella esperaba al otro lado de la puerta. Me tomé mi tiempo, me encanta disfrutar del agua caliente. Y gozaba haciendo que ella esperase, la verdad. Al acabar salí con una toalla en el pelo y un albornoz. Karmel se acercó a mí e hizo un intento de abrírmelo por la cintura.

—¡Oye, oye, oye! ¡¿Qué haces?!

—Tranquilízate. Necesito ver tu cuerpo para elegir tu ropa. No todo el mundo aquí quiere algo contigo, querida.

—Vaya, qué decepción. Ya me extrañaba que tú fueses humana.

—No te pases.

Abrió la maleta que había traído y empezó a sacar prendas de todo tipo y de todas las tallas. Había cosas muy chulas.

—Ya elijo yo —le dije estirando un top.

—¡No! —me lo quitó al instante.

—Pero, ¿cómo?

—Como que no. Tienes que ponerte algo que le guste a X si quieres ser la Xtar.

—¿Tengo que cambiar quien soy si quiero ser la Xtar?

Karmel soltó la ropa que tenía entre las manos, respiró

hondo y se puso delante de mí.

—¿Por qué estás aquí, bonita? —me encogí de hombros—. Si estás aquí es porque no estás bien en tu vida. Y quieres cambiar por dentro. ¿Es así? —asentí—. A veces es necesario cambiar por fuera para poder cambiar por dentro —sentenció con ese tono tan mesiánico que también tenía X.

Al final Karmel había elegido para mí (lo hicimos entre las dos, aunque le hice creer que lo había pensado todo ella, cosa que siempre se me ha dado bien) unos pantalones vaqueros cortos, una camiseta blanca de manga corta con la palabra *SQUAD* en el pecho y unas mini-botas de cuero negro. Mi pelo iría suelto. A Karmel le gustaba mucho lo largo que lo tenía. Me lo tocaba y se quedaba como embelesada. También me cambió el colgante original con la *X* que llevaba desde mi llegada al festival por uno más pequeño y discreto. Era la señal de que alguien estaba ya allí como residente, tanto a largo plazo como de manera temporal.

Por último, me organizó algo de papeleo y me hizo firmar un pequeño contrato que confirmaba que yo estaba allí por voluntad propia, y que cualquiera de las dos partes podía rescindir el acuerdo de residencia en Change en cualquier momento. Me parecía excesivo pero también me daba seguridad, era como estar de vacaciones en un sitio especial.

Pero, como en todos los viajes, existía una parte económica, el pago del hospedaje. Karmel me pidió una tarjeta para pasarme el cargo por diez días de estancia, el mínimo que aceptaban. El total no era caro, pero tampoco barato. Digamos que una chica ahorrativa como yo, que había guardado parte de sus ganancias como camarera en los veranos anteriores y sabía administrar lo que sus padres le daban cada mes, podía darse ese pequeño lujo. Eso sí, me aseguré de que incluyese todo: alojamiento, comida y todo lo necesario para vivir.

—X quiere que os veáis en Ginza esta misma noche —dijo Karmel mientras pasaba mi tarjeta por el datáfono que sacó de la maleta, iba preparada—. Por ahora puedes salir a explorar Change.

Me apetecía de verdad comprobar cómo vivían allí. Y eso hice.

Cuando salí a fisgonear me impactaron dos cosas al principio. La primera, la gente. La segunda, la tranquilidad. Se estaba bien allí, aunque todos tenían un poco un aire de estar presentes… pero sin estarlo realmente. Estaba todo bien muy organizado entre las calles y avenidas que formaban el conjunto de viviendas. Era como una ciudad en miniatura. Con muchas zonas verdes, eso sí. Había varios grupos de personas trabajando en lo que parecía ser el mantenimiento básico del complejo: limpieza, jardinería, etcétera. Otros conversando muy amable entre ellos, más tarde descubriría que a eso se le denominaba "Grupos de Debate y Mejora", charlas donde se elegía un tema en concreto: de la vida en general o de la vida en Change en particular, y se emitían reflexiones en voz alta con el objetivo de encontrar unas conclusiones comunes al final de cada sesión. El ambiente era relajado y, aunque la gente me miraba al pasar como la nueva que era, no notaba hostilidad en su actitud. Sí me veía viviendo allí una temporada. Necesitaba un descanso de la gran ciudad. Y sobre todo de mí misma.

Mientras paseaba por Change mis ganas por volver a ver a X crecían. La incertidumbre por saber si yo era o no la elegida me había dejado rayada. Pero yo ERA la elegida. Lo había notado en nuestra noche juntos en Bratislava. No era una cuestión de competición, ni de amor para toda la vida. Puede que fuese nueva allí, pero desde luego no acababa de nacer. Sabía muy bien de qué iba todo. Me había gustado estar con él. Y sabía que él también había estado bien conmigo. No digo que fuese el mega romance de película. Pero teníamos conexión. La conexión más fuerte que podía tener con nadie allí. Efectivamente, yo no era como el resto, era la elegida. Y se lo iba a hacer saber en nuestro nuevo encuentro.

Seguí andando. Lo que más me gustaba de ese entorno es que veía gente de todo tipo de origen, tamaños, formas, géneros. Igual que cuando entré al festival. Me daba mucha tranquilidad sentir que podía ser yo misma sin ser juzgada. Aunque seguía sin entender de qué iba el rollo de cruces de neón por todas partes: en las habitaciones, en las farolas, en las señales e indicaciones. Pero no veía ni intuía ningún tema religioso por allí. Entendí que, como todo allí, era porque le gustaba a X y punto.

Un chico negro con el pelo afro se acercó a mí y me sacó de mi estado de reflexión interior:

—¡Buenas! Eres la nueva, ¿verdad?

—Sí… hola. ¿Cómo lo has sabido?

—Por cómo vas mirando todo. Y porque vi cómo X te subió al escenario el otro día.

—Sí, para mí fue muy raro, jejeje.

—¿No te gustó?

—Me gustó, pero fue muy raro... Lo que sí me gusta es tu pelo.

—Gracias. Por aquí dicen que parezco un Jackson 5, jajaja.

—Dios, me encantan los Jackson 5. Y Michael.

—¿Sí? ¿Cuál es tu favorita?

—Mmmm, las típicas, "I Want You Back"… o "The Love You Save", por ejemplo. AMO esa canción. Siempre me pone de buen humor. Aunque vamos a obviar el *slut-shaming* en su letra, claro.

—Bueno, a ver, sin justificarlo, pero es que era literal otra época en todo. Yo prefiero a Michael Jackson en solitario, la verdad. Mi etapa favorita es "Off The Wall".

—¡La mía también!

—Nos vamos a llevar bien. Me llamo Alan.

—Yo Dana.

—Si eres nueva y acabas de llegar, no has hecho el nuevo bautismo aún, ¿no?

Me quedé pensando… "¿bautismo?"

—N… No…

—Entonces ya no vas a tener ese nombre por mucho tiempo.

Alan me cayó bien al instante. Parecía buena persona. Y teníamos en común todo el tema musical y sentimental. Estuvimos hablando de relaciones. Sin profundizar, le expliqué lo perdida que me había sentido cuando me traicionaron y me dejaron completamente sola. No quería entrar en detalles porque por muy bien que me caiga alguien no soy de las que van contándolo todo por ahí. Él también lo había pasado muy mal fuera. Había tenido un noviazgo de cinco años que había terminado como el rosario de la aurora. Su familia le había abandonado porque no aprobaban que estuviese con otro chico. Tenía que enfrentarse todos los días a un mundo donde el racismo y la homofobia están a la orden del día. Y al final, no pudo más. Reflexioné y me di cuenta de la suerte que había tenido yo en mi entorno cuando les conté que me gustaban los chicos, pero también las chicas. Mi padre me había apoyado en todo sin problemas, aunque sí que es verdad que mi madre me había hecho un poco el vacío con el tema, como con todo en general. Volviendo a Alan, el caso es que me explicó que no tenía a nadie ni nada fuera de Change. Justo parecido a lo que Daphne me había contado cuando la conocí. Daphne, por cierto, de la que seguía sin saber absolutamente nada desde que llegué…

—Mi familia ahora está aquí —dijo Alan alzando los brazos hacia los lados y sacándome de mis reflexiones.

Por mucho que me pareciese muy bien todo, la luz roja en el fondo de mi cabeza siempre me traía de vuelta a la realidad. Y me decía: "Petarda, recuerda que estás aquí solo por unos días". Pero según pasaba el tiempo esa señal de alarma se hacía más y más pequeña dentro de mí. Change tenía ese poder sobre ti… llevarte dentro. Fagocitarte.

Llegué a Ginza a la hora a la que me había citado X. Uno de sus coches había ido a recogerme a la habitación donde desperté esa mañana. Seguía con ganas de verle pero al mismo tiempo estaba cabreada aún. Primero, me empezaba a molestar todo ese rollo machista de hacer una competición de tías y elegir a su favorita. Era algo que fuera de allí yo habría condenado con todas mis fuerzas. Segundo, me había dado cuenta de que le gustaba el control e intuía que todo formaba parte de un cierto juego de manipulación. El poco tiempo que había estado con él me había servido para entender que le gustaba mucho jugar.

Lo que él no sabía es que a mí… también.

Ginza era un complejo aparte de las residencias normales de la comuna de Change. Tenía una entrada particular, a la que sólo se podía acceder con una tarjeta especial. Dentro, un amplio espacio verde y un camino llevaban a lo que desde lejos podría parecer una casa tradicional japonesa. Cuando bajé del coche el silencio era sepulcral, pero el intenso olor a flores me calmó. Miré al cielo: la noche empezaba a caer y una cruz de neón se iluminó sobre el techo de la casa para dar la bienvenida a las horas de oscuridad.

Karmel no había querido venir conmigo porque decía que tenía "cosas que hacer". Me preguntaba si alguien así tenía vida propia, si le gustaba ponerse a leer, ver películas o hacerse (o que le hiciesen) la cera. No parecía del tipo de personas que se preocupase mucho por llenar su vida interior. Aunque siempre iba impecable. Me empezaba a intrigar tanto o más que X. Era como la señora X, en realidad. Y aunque no me acompañaba, me había dado todo tipo de indicaciones para la noche: "De lo que pase hoy depende totalmente tu futuro en esta comunidad. Quiero que seas consciente de ello. Esto no es un juego. X se toma las cosas muy en serio. Esta noche cinco chicas están convocadas en Ginza. X hablará personalmente con todas ellas y después hará un anuncio. De ese anuncio depende tu futuro en Change y que seas o no la elegida. Lo sé. Veo en tus ojos que todo esto te parece ridículo. Sé que no apruebas el método. Pero quiero que pienses en lo que sentiste estando con él. Y que eso puede ser para el resto de tu tiempo aquí. Hazlo posible, danos la Xtar que nos merecemos. Nos merecemos a alguien como tú". Me hacía gracia y me halagaba a partes iguales toda la pompa. A lo mejor yo era más carne de cañón de lo que pensaba.

Las puertas estilo shoji se abrieron ante mí y entré. El espacio estaba muy bien iluminado y una alfombra roja se extendía por el suelo del recibidor. Y las vi. Cuatro… ¿Mujeres? ¿Chicas? Me era imposible adivinar su edad. Llevaban todas túnicas con capucha y el rostro medio oculto por sus cabelleras. Estaban quietas, de pie, esperando frente a una puerta cerrada. "¿Qué cojones?", pensé. Me faltó el hilo de una aguja para pirarme de allí. La alarma mental al fondo de mi cabeza volvió a avisarme con intensidad. Luego respiré y decidí quedarme, pero teniendo claro que no aceptaría ni la más mínima tontería.

—Hola —saludé a las figuras.

Silencio. Ninguna de esas zorras me contestó.

Respiré hondo de nuevo. No iba a dejar que esa situación me superase. No sabía si era todo un juego de X destinado a sacarme de quicio. O si era real y ellas también habían estado con él. En cualquier caso, ¿qué importaba? Nunca había creído en el concepto de amor como posesión. Nadie es de nadie. Y si volverme loca era lo que buscaban… no lo iban a conseguir. Decidí relajarme y tomármelo con sarcasmo.

Pero de repente salió él.

—Vosotras, dentro. Tú —me señaló a mí—. Espera aquí.

—Pero…

—Que esperes aquí.

Me dirigí confiada hacia X. Estaba dispuesta a acabar con toda la pantomima. Antes de llegar hasta él, las otras chicas me bloquearon el paso. Nos miramos fijamente a los ojos y ahí pude comprobar que eran todas más o menos de mi edad, por debajo de los veinticinco.

Tenían los ojos vacíos pero llenos de rabia a la vez. Perdí la paciencia. Le grité a él:

—¿Qué es todo esto? ¿Qué está pasando?

—Te he dicho que esperes.

—¡No quiero esperar!

—Son las normas.

—¡¿QUÉ NORMAS, JODER?!

Las cuatro chicas empezaron a avanzar en su barrera hacia mí, echándome atrás y alejándome de la puerta y de X. Susurraban y repetían al unísono:

—La única. La única. La única. La única…

"Putas enfermas", pensé.

Estaba indignada, alterada, enfadada y paralizada. Muchas cosas a la vez como para pensar con claridad. Y él abrió la boca de nuevo:

—Change es un lugar donde todo el que viene quiere estar. Este sitio es el paraíso. Pero hasta en el paraíso hay normas. No lo olvides.

Las chicas se giraron y avanzaron hacia él.

—Es hora de elegir a la Xtar. Espera aquí.

Desaparecieron y cerraron la puerta.

Me quede sola. Abandonada.

Yo… Dana.

CAPÍTULO 6

CHANGE

x

CAMBIAR

CHANGE

Hay un sentimiento absurdo e irracional mucho más poderoso que el amor. Empieza por el estómago, como un ardor incontestable al cual es imposible hacer frente. Cuando menos te lo esperas ya está subiéndote por la garganta, destrozando todo a su paso. Llega hasta arriba del todo para arrasar con el verdadero corazón y centro de tu alma: tu mente. Es un sentimiento que nadie quisiera conocer, pero que todo el mundo ha experimentado. Un fuego que te crece por dentro, sin que puedas hacer nada para evitarlo. De los sabores, el más amargo; de los dolores, el más punzante. Y sus consecuencias son siempre impredecibles… Son los celos.

No tengo idea de cuánto tiempo estuve esperando allí. Pudieron ser minutos. Pudieron ser horas. Sé que no fueron días, tampoco voy a exagerar. Pero decir que se me hizo eterno es decir poco. Inmediatamente después de que entrasen y me dejasen sola las luces generales bajaron, dejando un ambiente casi oscuro, con ligeros destellos rojos por las esquinas. Una cruz de neón roja se encendió en lo alto. Era iluminación como de ritual. Intenté de todo para averiguar qué estaba pasando, pero estaba atrapada. Pude adivinar que había una cámara de vídeo en el techo, porque al caminar escuchaba su movimiento mecánico siguiéndome. Me estaban vigilando. Me hice una coleta y me senté en el suelo a esperar. No sabía si allí dentro estaba ocurriendo como una especie de casting perverso. Sin mi presencia. No podía soportar la idea de que se estuviese eligiendo a la Xtar sin mí. Era completamente irracional pero empezaba a aceptar la idea de que allí nada era lógico. Era todo desde el estómago. Quería ser yo la elegida. El sonido de un chasquido me sacó de mi estado de reflexión interna. Era la puerta. Se había abierto. La habían abierto. Me levanté del suelo. Entendí que era el momento de entrar yo. Y dentro, el silencio más absoluto.

Silencio. De repente, por algún motivo, recordé algo sobre el sonido del universo. Cuando era niña mi padre me llevó a conocer el planetario por primera vez y esa experiencia había marcado mi vida. Mi padre fue quien me enseñó el amor por las estrellas y que todos venimos de ellas. Mucha gente cree que en el espacio exterior no se puede escuchar nada, pero eso no es del todo cierto. Hay vacío, con lo cual el sonido no se propaga, pero la radiación electromagnética se puede captar y después transformar en ondas, como una especie de banda sonora espacial. Todo está siempre ahí. Sólo hay que saber interpretarlo. El sonido de los planetas es inquietante y bello a la vez. Y nos conecta con una parte primigenia de nosotros, a la que normalmente no queremos hacer mucho caso. Porque da miedo. Siempre da miedo conocernos a nosotros mismos, por lo que podamos encontrar.

El interior de la sala comenzó a resonar similar a los sonidos del espacio que recordaba, extendiendo su radiación sobre mí. Era imposible adivinar cómo de grande era el lugar. Alcancé a ver una mesa central iluminada por un foco desde el techo, como si la luz estuviera emergiendo desde el cielo oscuro. X presidía la mesa frente a mí, sentado en compañía de las cuatro chicas que había visto antes fuera, dos a cada lado. Y como no, una cruz de neón detrás, esta vez de un destello blanco, casi angelical. Los cinco me miraban. X finalmente habló:

—Te estábamos esperando —dijo X levantándose de su butaca.

Las mujeres volvieron a susurrar una especie de cántico común, como antes:

—Me lleva más alto. Me lleva más alto. Me lleva más alto. Me lleva más alto…

Di un paso atrás. X notó mi incomodidad y de inmediato puso su voz conciliadora, que siempre me ganaba.

—No tengas miedo. Es la tradición. Todas ellas son las

Xtars de años anteriores.

BAM. Eso significaba entonces que una de ellas era Linda.

—¿Cómo?

—Sí. No son competidoras. ¿Estabas preocupada?

—No puedo más. ¿Podemos parar con las sorpresas?

—Confía en mí. Este año es diferente. El 3 fue un número mágico. Pero el 5 lo será aún más. Queremos elegir a la Xtar definitiva. La que puede serlo para siempre. La que no será reemplazada. Por eso necesitaba la opinión de las que han estado antes en esa posición. Me importa lo que piensan y lo que sienten. Me importan ellas. Todo este rato hemos estado hablando sobre ti.

La idea y la situación en general me hacían sentir terriblemente incómoda.

—Queremos que estés en Change —prosiguió X—. La pregunta es… ¿quieres tú? Suéltate el pelo. Y sube.

X me hizo un gesto con la mano. Observé que en la parte frontal de la mesa había unos escaloncitos. Estaba todo preparado, joder. Me quité la coleta. Ascendí sin quitarle la mirada de encima. Las cuatro mujeres se levantaron de sus sillas y, una a una y también por la escalera frontal, se subieron todas a la mesa. Me rodearon.

—¿Cómo te llamas? —preguntó X mirándome desde abajo.

—Dana.

—No has entendido la pregunta. Ese nombre está vinculado a todo tu sufrimiento. A todo lo que has pasado. A las cosas malas que te han sucedido. A los desengaños, a las frustraciones, al dolor. Aquí y ahora empiezas de nuevo. Es hora de dejar lo malo atrás. ¿Cómo te llamas a partir de ahora?

Toda mi vida nubló mi mente en tan solo segundos, luego contesté:

—C.R.

—¿Por qué C.R.?

Estaba dispuesta a darle todo de mí. Pero aun así había una parte que necesitaba guardar conmigo. Puedes caminar hasta el precipicio, pero si miras hacia abajo mejor ten algo a lo que agarrarte. Para poder dar dos pasos atrás y no caerte al vacío. Cinthya Rose era ese algo para mí: la chica a la que Prince cantaba en *Starfish And Coffee* y mi inspiración para C.R. Era una de las canciones favoritas de mi padre y siendo yo niña siempre la escuchábamos juntos. Me recordaba a él. Eso es lo que jamás le daría a nadie…, mucho menos a X. El lazo de amor único que me conectaba a una persona... A mi padre.

—No sé. Solo me gusta cómo suena.

X se subió a la mesa también. "Venga, ya estamos todos,

¡festival!", pensé mientras lo veía colocarse delante de mí. Me puso las manos sobre la cabeza. El sonido de la sala se intensificó con el tintinear de una especie de campanas. La cruz de neón blanca emitía luz con más fuerza. Estaba serena. Con X ya cerca, sí que estaba más tranquila y confiaba en él. Joder, me había vuelto adicta a él. Estando a su lado todo estaba bien y me calmaba.

—C.R., ¿cuántas vidas has vivido?

—Una.

—Sabes que eso es mentira.

—¿Muchas…?

—Eso es cierto. Has vivido miles de vidas. Pero ninguna conmigo a tu lado.

X me puso un velo blanco sobre la cabeza y sus pulgares en mi frente. Su voz sonaba como de otro mundo. Sabía utilizar el tono correcto en cada momento para introducirte en su universo y borrar cualquier atisbo de duda.

—C.R. No eres como el resto. Lo supe desde que te vi. Te damos la bienvenida a Change. Pero es hora de pasar el siguiente nivel. De agitar y remover todo lo malo para dar paso a lo bueno. Iniciamos la votación para la proclamación de la nueva Xtar.

Me giró y me colocó delante de una de las chicas. Me fijé que en la capucha llevaba el número *1*. La joven se acercó a mi boca y me besó. Me quedé parada. X no me dio tiempo a reaccionar.

—¡Uno! Veredicto —reclamó X.

—Sí —contestó ella. Identifiqué por su voz que se trataba de Linda.

De inmediato ya estaba con la segunda chica, mismo proceso.

—Sí —dijo también sin titubear.

Pero al besarme la tercera reconocí esos labios. Apenas se veían sus ojos a través de la capucha. Pero supe perfectamente que era ella. Era Daphne. Portaba el número *3* en la cabeza. Sí, la chica de las trencitas que me había convencido para ir al Afterlife Festival. Y que luego me había dejado sola otra vez.

—Tres... Veredicto.

Silencio.

—¡TRES! ¡Veredicto! —X se impacientó.

Silencio. Espera. Tensión.

—No —dijo finalmente sin inmutarse.

El resto emitió un suspiro contenido casi imperceptible. X miró a Daphne con unos ojos que no le había visto antes hasta ese momento. Se había transformado en algo diferente, que no parecía casi humano. Recuperó la compostura y siguió con la iniciación, pasándome a la última chica, que sí volvió a votar de manera afirmativa.

—C.R., con tres votos a favor y uno en contra, quedas proclamada nueva Xtar de Change, debiendo hacer honor a tu nueva posición y quedando a expensas de los derechos y obligaciones vinculados a la misma.

1 (Linda), *2*, *3* (Daphne), y *4* recuperaron el cántico del comienzo:

—Me lleva más alto. Me lleva más alto. Me lleva más alto…

X me acogió entre sus brazos y apretó mi cabeza contra su pecho. No sé el motivo, quizás toda la presión contenida… pero rompí a llorar. No era capaz de determinar si era por la conexión especial que sentía con X o que todo el ritual, aunque rocambolesco, había significado de verdad un cambio en mi vida. Era pronto para saber eso.

—Shhh. Ya no pueden hacerte nada —me decía X—. Ya estás en casa. Tú y yo. Vamos a ser una familia… Una familia muy feliz.

Los siguientes días fueron los mejores de mi estancia en Change. Pasamos siete días juntos X y yo, sin ver a nadie más. Me enseñó todo el complejo de Ginza. Volvimos también a Bratislava en un par de ocasiones. Me hacía siempre pequeños regalos sin importancia pero que a mí me encantaban; mi favorito: unas gafas enormes de montura transparente y cristales rosados, las adoraba. Comimos, reímos, bailamos. La verdad es que me divertía mucho con él. Todo era como en nuestra primera noche juntos. No nos habíamos casado, claro, pero era algo así como una luna de miel.

Según la tradición, a la semana de mi elección tocaba mi proclamación como nueva Xtar ante la comuna. Karmel organizó un acto público para presentarme de manera oficial. Todo el mundo en Change me recibió con los brazos abiertos. Participé en mi primer GDM (Grupo de Debate y Mejora), en el que hablamos de cómo el ser humano siempre espera arreglar problemas interiores con circunstancias y soluciones externas. Rápidamente el debate evolucionó hacia lo que el sistema fuera de Change esperaba de todos nosotros. Alan, el chico negro que había conocido en mi primera salida, hizo un discurso al respecto que me encantó:

—Sé un buen chico, estudia la carrera, termina la carrera, consigue un trabajo, trabaja mucho, haz dinero, échate novia, haz más dinero, cómprate un coche, paga la entrada de un piso, cásate con tu novia, vete a vivir con tu esposa, ten un hijo, haz todavía más dinero (lo vas a necesitar), ve a comer con tu madre los domingos, ten otro hijo, sobrevive a un matrimonio aburrido, cámbiate de coche, compra una casa más grande, trabaja cinco horas más al día para poder pagar todo eso de lo que no puedes disfrutar... Y al final... ¿muérete de asco y de aburrimiento? Lo siento, pero no es para mí. Hay que luchar por conseguir los propios sueños, y la propia felicidad, esté donde esté, porque si ni siquiera lo intentas, vas a ser un infeliz el resto de tu vida. Y yo personalmente prefiero no vivir antes que estar muerto en vida.

Todos aplaudimos. A mí se me escapó una lágrima y todo, pero me la sequé y disimulé. X parecía un poco molesto con la intervención de Alan y la aprobación en masa del grupo.

—Sí, todo eso está muy bien. Pero estás definiendo un mundo sin reglas. ¿Puede el ser humano vivir sin unos límites, unas directrices? ¿Qué pasa cuando tenemos toda la libertad del mundo para hacer lo que queramos?

Silencio. Ahí entendí que cuando él hablaba todos escuchaban y nadie rebatía.

—Os diré lo que pasa. Nos perdemos.

Todos asentían, dándole la razón.

—Cuando sales ahí fuera y no encuentras ningún camino, ninguna indicación, en definitiva, ningún límite, el resultado va a ser siempre el mismo. El vacío. Por eso estamos aquí. Para no sentir eso nunca más. La perfección no existe. Pero podemos intentarlo. Podemos redefinir y orientar. Volver a los valores esenciales. Ser y dar un ejemplo para el mundo. No estáis solos en esto. Estamos construyendo juntos un lugar mejor. Y yo os llevaré hasta ahí.

Aplausos. Aplausos sin fin. Baño de masas.

Al final del GDM, Karmel se acercó a mí y, con permiso de X, me apartó un momento para hablar conmigo.

—¿Cómo está yendo todo?

—¡Muy bien! Estoy muy contenta y estoy aprendiendo un montón, la verdad. Y con X estoy muy bien ahora.

—Me alegro. Escucha, hay un tema que te tengo que comentar.

Su cara era completamente seria, como de costumbre, pero noté cierta incomodidad especial en sus ojos.

—Si vas a quedarte en Change necesitaríamos que colaborases con el grupo.

—¿Colaborar en qué?

—En el mantenimiento de la comunidad.

—¿Quieres que limpie o haga algo así?

—No, no. Sería más a nivel… económico. Como ves, somos bastantes viviendo aquí y toda ayuda es poca. Es complicado mantener todo esto.

—Ya, bueno. ¿Pero hay una cuota o algo así?

—No, una vez aquí, cada uno aporta lo que puede. Tengo

tu número de tarjeta del primer pago, si quieres dime el PIN y la cantidad que quieres aportar. Obviamente, puedes confiar en mí.

Giré la mirada para buscar a X. Estaba rodeado de unas quince personas, como extasiadas de estar cerca de él.

—Mi PIN es: 2-3-2-1-1. Pilla 1000. Pero si voy a aportar y ser parte de Change necesito mi teléfono.

—No es posible.

—¿Por qué?

—Son las reglas. Aquí no hay móviles.

—Karmel, necesito llamar a mi familia para decirles que estoy bien. Se van a preocupar si no vuelvo. ¿Cuánto llevo aquí ya, nueve…? No, diez días… Solo quiero decirles que está todo bien. A mi padre, más que nada… Me he ido antes algunos días pero siempre les he avisado. Habrán llamado a la policía o algo… ¡Joder! ¿Por qué no lo he pensado antes? ¡Qué mal, qué mal!

Me empecé a agobiar mucho con ese tema. Esta vez fue ella la que dirigió su mirada a X. Por primera vez vi algo en sus ojos que jamás pensé que existiese en ella: miedo.

—Lo haré yo. Conseguiré el número, no te preocupes.

—¡Perooo!

—¡PERO NADA! Es mejor así. Confía en mí. Mi misión es cuidar de ti aquí —se giró para marcharse y me dio la espalda, pero se paró un segundo para mirarme por encima del hombro—. Además… ya me estás empezando a caer bien.

Me guiñó un ojo y, por primera vez, Karmel me dio calor en el corazón.

CAPÍTULO 7

HOLD THE KEY
x
TIENES LA LLAVE

El perfeccionismo es un asesino. Te convierte en una persona esclava de eso que crees que debes alcanzar. Y cuanto más intentas controlar lo que piensas que te va a convertir en ese ser celestial divino, menos libre eres. Comienzas a olvidar cosas tan simples como soñar. Y si tú mismo o tú misma te niegas tus sueños, ellos crecen en ti hasta que un día te atrapan, recordándote la deuda que tienes con ellos por no cumplirlos, o al menos intentarlo. Hay que intentarlo... Siempre.

Y con los sentimientos… ocurre tres cuartos de lo mismo.

–Tengo una misión para ti –me dijo X. Sus palabras esa noche sonaron claras, directas, como una bala en el pecho.

Llevaba ya tres semanas inmersa en el mundo de Change, participando como pareja de X en algunas actividades de la comuna. La mayor parte del tiempo la seguía pasando junto a él. Ya nos habíamos hecho el uno al otro. O más bien yo a él. Me había pedido numerosas cosas sin importancia a lo largo de mi estancia, imagino que para probar mi lealtad: buscar a tal persona, llevar un recado a otra, plantear nuevas dinámicas para mantener a la gente en Change motivada y activa, cosas así. No me tocaba nunca transmitir información demasiado sensible ni tareas muy demandantes. Yo cumplía a rajatabla, mientras notaba cómo a X le gustaba ejercer su poder sobre todo el mundo allí. Y quería complacerle sobre todas las cosas, supongo. Él acabó por decidir que su Xtar actual ya estaba lista para el siguiente nivel.

Esa noche, tumbados sobre la cama de su habitación privada en Ginza, X hablaba con ese tono de voz al que no me podía negar, similar a la primera noche juntos en Bratislava. X aspiraba a la excelencia en todo lo que hacía y yo sabía que esperaba exactamente lo mismo de mí. No podía ni quería defraudarle. Tenía que ser perfecta.

—¿De qué se trata? —respondí.

—Tres.

Sabía perfectamente que se refería a la tercera de las chicas de mi ritual de bautismo: Daphne. Me quedé parada y sin poder hablar. No sabía cómo afrontar el tema. Pensé que lo más conveniente era que X no supiese nada de lo de nosotras dos antes de llegar a Change, la noche que habíamos estado juntas en la terraza de su apartamento, bajo el cielo poblado de estrellas. Dos Xtars juntas con el universo. No sabía cómo podía reaccionar él a eso, le gustaba demasiado controlar todo.

—¿Sigues… enfadado con ella? —acerté a preguntar intentando ocultar mi nerviosismo.

—¿Sigo? —respondió sentándose sobre el colchón—. ¿Quién te ha dicho que lo esté, para empezar?

—Vi tu reacción cuando me negó en la elección.

—No te negó a ti. Me negó a mí. Ella era conocedora de lo que estábamos haciendo. De la importancia de esa noche. Antes de entrar tú, habíamos acordado los cinco, ella incluida, que tú ibas a ser la nueva Xtar. Así que su voto final en negativo fue un desafío. Un capricho intolerable de niña malcriada. Y no voy a tolerar ese tipo de comportamientos aquí.

—Lo que no entiendo es... —dije introduciendo suavemente mis dedos entre su largo cabello—, ¿por qué haces una votación si quieres que todas digan lo que tú quieres escuchar?

X abrió mucho los ojos y me clavó la mirada. Supe de inmediato que había tocado un punto sensible.

—No tienes ni idea de lo que hablas —retiró mi mano y me agarró fuerte el brazo, no me hacía daño pero estaba al límite—. ¿Sabes lo que supone todo esto? ¿Sabes lo que es tener que cuidar e inspirar a toda esta gente? No comprendes lo que es escuchar todos sus problemas, orientarles, darles una esperanza —me apretó el brazo, ahora sí con más fuerza—. ¿TIENES PUTA IDEA DE ALGO?

Era la primera vez que se ponía violento conmigo. Estaba

confusa y decepcionada. Con él y conmigo. Me entró una vergüenza extraña. Y me disculpé.

—Lo siento. De verdad, no quería ofenderte —dije soportando la presión.

—Pues lo has hecho —y quitó sus dedos de mi brazo.

Sus ojos azules se humedecieron tanto que hasta una lágrima oportuna brotó y bajó efectista por su mejilla. No sabía si era un estupendo actor o realmente le había hecho daño de verdad… quise creer que se trataba de lo segundo. Me sentí culpable y me abracé a él.

—¡Perdóname, en serio! Dime, ¿qué quieres que haga?

Se giró a verme. Me agarró la cabeza con las manos. Nos besamos.

—¿Alguna vez te has sentido insegura a mi lado? ¿Crees que estoy jugando contigo para obtener algo a cambio? Si es así dímelo ahora, porque a estas alturas deberías saber lo valioso que es para mí el tiempo. Es lo que menos quiero perder. Así que di, ¿te sientes insegura conmigo?

—No —respondí de verdad, lo que sentía por él era fuerte y firme—. Estoy completamente segura.

—Entonces ayúdame a solucionar el problema que tenemos delante. No podemos permitirnos tener que aguantar al enemigo en casa. Ya tenemos demasiadas presiones del sistema viniendo desde fuera. No te lo he dicho, pero nos están buscando las cosquillas con temas legales. Algunas personas están interesadas en que cerremos la comuna.

—Vale, sí, lo entiendo y te apoyo. Pero… ¿qué necesitas que haga?

X se levantó de la cama y se dirigió hacia uno de los armarios de la habitación. Regresó a mi lado con una cajita de madera entre sus manos.

—Mira. Vamos a acabar con ella.

La noche estaba ya cayendo. En Change había una iluminación artificial muy débil que no se ponía en marcha hasta bien entrada la oscuridad. No se pasaban penurias allí, pero tampoco se malgastaban recursos. Cualquier gasto estaba medido al milímetro, desde las comidas hasta la luz eléctrica. Debía darme prisa para alcanzar mi destino sin ser vista. Llevaba un atuendo oscuro con capucha y botas negras. Me camuflaba bien en la noche. Desde que llegué a Change mi estilo se había oscurecido. Y creo que también mi alma.

No sabía cómo ni por qué, pero acepté la misión de X. Llevaba en mi mano izquierda una llave. En la derecha, una inyección. La llave abría la estancia donde vivía Tres, Daphne para mí. X siempre se refería a ella con el número.

Me preguntaba si yo en algún momento pasaría a ser Cinco. No C.R. ni Dana. CINCO. Sentía que estaba perdiendo mi identidad por momentos. La inyección neutralizaría a Tres, según X. Eso le daría tiempo suficiente a su equipo para llevarla a un sitio seguro fuera de Change. Quería deshacerse de ella, sí, pero sin montar ningún revuelo que pudiese desestabilizar el buen trabajo que se estaba haciendo en la comunidad. "Pero entonces quieres… ¿matarla?" le pregunté a X en estado de shock. Se trataba de agredir a alguien. Nunca antes había hecho algo así. El me tranquilizó y me aclaró que su vida no estaría en peligro, simplemente con un pinchazo firme en el brazo, en la pierna o en el trasero, ella se dormiría temporalmente y podrían sacarla de allí sin montar escándalos. Y me explicó que siempre hay una primera vez para demostrar que alguien sí está dispuesto a cambiar. Que no solo lo hacía por mí, lo hacía por él y por todos los que estábamos en Change. Y también por el bien de Tres, porque ella no estaba bien. X se iba a encargar de que Daphne mejorase.

Tenía muchas dudas. Empezaba a cuestionarme lo que era correcto y lo que no. Me cuestionaba hasta a mí misma. Sobre todo: a mí misma. Pero una voz familiar me sacó de todos mis pensamientos.

—¡Hoooola!

Era Alan.

—Dios, pareces una aparición entre las sombras. ¿Cómo es que una reina como tú está paseándose por aquí, entre el populacho? ¿No deberías estar en Ginza con el jefe?

—He bajado a hacer… una cosa.

—¿Qué cosa?

—No lo puedo decir.

—¿Vas a matar a alguien?

Me quedé blanca. Menos mal que llevaba la capucha y no se me veía mucho la cara. Contrarresté muy rápido:

—Y a ti, ¿te parece bien asustar a la gente de noche? ¿Cómo has sabido que era yo?

—Por tu manera de caminar.

—¿Cómo?

—Sí, mira, así…

Se puso a imitar mis andares, un poco encorvado con los brazos hacia delante y con paso lento. Y me partí por la mitad.

—JAJAJA. ¡Aaay, gracias! Necesitaba reírme un poco.

—¿Y eso? ¿Tú no deberías ser la mujer más feliz del mundo ahora? ¿Problemas en el paraíso?

—No… Todo está bien —mentí. Pero ahora que mencionaba el "paraíso" recordé las veces que X refutaba casi cada comentario que Alan hacía en los GDM. Incluso recordaba ver a Alan disgustado en más de una ocasión, así que aproveché para quitar la atención de mí–. Oye una cosa. A ti X no te cae muy bien, ¿verdad?

–¿Por qué dices eso?

–Lo noto siempre en tu cara. Y te vi al acabar el último GDM.

–Más bien creo que no le caigo bien yo a él. Eso que dicen de que él no juzga, bueno…

–Mmm…

Nos quedamos en silencio. De repente me acordé de mi misión y volví a la realidad… Y al nudo en el estómago.

–Escucha, me tengo que ir ya. Nos vemos por aquí, ¿vale?

–Vale. Pero… ¿Estás bien?

–Claro.

–Muy bien. Te creo. Pero si necesitas algo, estoy aquí –antes de irme Alan me tomó de la mano–. Dana… Cuídate mucho, ¿vale?

Luego desapareció en la noche y yo volví a mi oscuridad.

Mientras giraba la llave para entrar en la cabaña de Daphne me preguntaba qué excusa le iba a dar por irrumpir de repente allí. X me había dicho que entre las reglas de Change estaba que por orden suya cualquier espacio podía ser intervenido en cualquier momento. Sólo tenía que decir que iba de su parte. Y no podría reclamar ni hacer nada. Lo cual era un poco una locura. Tenía el poder para entrar en ese momento. Cedido por X, ya que todo mandato allí residía en él, pero en ese instante y lugar lo tenía yo. Menuda responsabilidad. Abrí la puerta. Dentro había un silencio absoluto. ¿No estaba ella? Seguí avanzando por la vivienda. Era un espacio más que amplio para una sola persona. Había unas luces bajas que daban sensación de hogar pero que a mí no me parecieron nada acogedoras entonces. Confirmado: Daphne no se encontraba allí. No sabía qué hacer, si esperar o irme. Mientras decidía, por instinto, inspeccioné la vivienda. No había demasiadas cosas materiales, un par de libros de sanación del alma, algunos ropajes sobre la cama y un refrigerador pequeño. Hasta donde sabía yo, nadie en Change tenía acceso a comida directamente en sus cabañas. Había comedores comunes. Supuse que ser una antigua Xtar concedía algunos privilegios frente al resto. Continué investigando y llegué a una mesa que parecía como un despacho de trabajo. Mi estómago se cerró y la luz roja en mi cabeza se puso de nuevo en alerta máxima. Sobre el escritorio había diferentes archivos y carpetas con nombres de personas.

Tenía un mal, mal presentimiento.

Empecé a rebuscar frenéticamente entre los documentos.

Eran compendios de información sobre diferentes chicas jóvenes. Había fotos, datos personales, listados de puntos "fuertes" y "débiles" y mucho más. También un sello rojo en cada una de ellas: *NO APTA*. Mi intuición me motivó a seguir rebuscando, hasta que encontré una carpeta con un sello verde: *APTA*. Mi nombre, Dana, estaba en el encabezado de la misma. Mi cara expuesta en una foto tomada desde lejos, en plan paparazzi. Y la palabra *APTA* sellada sobre mi rostro, como un tatuaje.

Abrí en shock el archivo y hojeé los papeles que contenía. Mi corazón latía a mil por hora. Dentro había todo tipo de datos personales sobre mí, sobre mis padres, información de mis amigos, de todo mi entorno. Los sitios por los que me movía, las cosas que me gustaba hacer, cómo vestía y hablaba. Extractos bancarios de toda mi familia, incluidos mis abuelos. Y lo peor de todo: fotos del día en que Ritch y sus amigos me rodearon en aquel callejón, alejados del centro de la ciudad. Reconocí que las imágenes eran de la misma jornada por mi falda deshilachada, que sus amigos habían intentado quitarme a la fuerza; y el tirante roto de mi top, que Ritch me había arrancado antes de golpearle yo y lograr escapar intacta. Más instantáneas. Fotos mías llorando sola en un parque después del incidente con aquellos indeseables. Incluso cuando mi integridad había estado en peligro alguien me había seguido para captar el momento. Por último, había un listado completo de razones por las que yo era considerada "apta".

Era mi dossier. Me habían estado vigilando, mucho antes de llegar al Afterlife Festival. Sabían por qué yo necesitaba CAMBIAR. Porque después de Ritch, yo ya no me sentía Dana.

—Volvemos a encontrarnos, belleza. ¿Qué haces aquí?

La voz de Daphne me hizo saltar de mi sitio. Me giré y ella se mostraba sorprendida pero confiada. Me miraba con una media sonrisa, como un niño al que acaban de pillar en plena travesura. Me tragué los nervios y pasé saliva:

—Daphne, ¿qué es todo esto?

—Entras en mi choza a escondidas, ¿y las preguntas las haces tú? Qué. Haces. Aquí. Responde.

—No me lo puedo creer. Me habías estado espiando todo este tiempo. Por eso te acercaste a mí en la calle para invitarme al Afterlife, porque querías saber más sobre mí y hacer el contacto finalmente.

—Yo no... Él.

—¿Él? ¿Quién? —pregunté, aun sabiendo perfectamente de quién hablaba... X.

—Él me pidió todo esto. Yo solo trabajo para él, como tú ahora.

Estaba atorada y confundida. Yo no trabajaba para X, como ella, yo estaba con X y era la elegida, que era distinto. La cabeza me iba a estallar. Estaba cabreadísima. No es como si me hubiese enamorado perdidamente de Daphne la noche que estuvimos juntas, obviamente, pero sí que había sentido algo especial. Me había fiado de ella. Le había confiado mi intimidad por primera vez desde que habían intentado violarme. Y ahora me sentía utilizada y sucia, como la última vez que vi a Ritch. Pero algo había cambiado en mí desde entonces: ahora necesitaba oír toda la verdad directamente de la boca de los culpables, ya estaba harta de todo. Harta de ser una estúpida, de estar equivocada, de no saber. Harta de ser utilizada.

—¿Entonces te liaste conmigo solo por esto?

—Qué más te da. No cambia nada.

—Sí, cambia todo. Yo confié en ti. Te abrí mi corazón y mi cuerpo. En el dossier está hasta lo que me había pasado con mi ex, tú lo sabías. Necesito que me digas si hubo algo de verdad en lo que tuvimos. ¡Joder!

Me miraba en silencio con la media sonrisa aún en la cara.

—Piensas demasiado. En serio, ¿qué haces aquí? ¡Déjame adivinar! Vienes a cumplir alguna orden de X… ¿O me equivoco?

Estaba temblando. Daphne se dio cuenta, hice un esfuerzo para tranquilizarme. Me llevé la mano al bolsillo y busqué la inyección. Estaba ahí. La agarré con fuerza por dentro de la ropa, intentando que no me viese. Solo tenía que acercarme a ella y hacerlo. Pinchazo. Y al suelo.

—Dana —dijo ella dando un paso hacia mí—. Te está utilizando.

—¿Cómo dices?

—Eres tonta si no ves que a X todas nosotras le damos completamente igual. Solo somos un medio para alcanzar su objetivo. Lo único que le importa es el poder y el control. Llevar adelante su puta historia. Yo lo sé perfectamente… pero, ¿sabes el qué? Yo SÍ que voy a hacer lo que haga falta para que X se dé cuenta de que yo SÍ que debo ser la única elegida. No te lo voy a negar, le quiero demasiado para ejecutar lo que él me pida. Y SÍ, X lo va a poder comprobar de primera mano —Daphne se acercaba más a mí. Envolví mi puño en la inyección, con miedo a romperla. Cerré los ojos para concentrarme y tomar una decisión—. Comprobará que yo soy mucho mejor que una zorra débil e inútil como tú, Dana. Eres una estúpida, me das mucha pena. Mírate. Al menos yo sí que tendría los ovarios necesarios para hacer por X lo que tú no te atreves a hacer en este momento. Y lo haría una y mil veces, sin pestañar. Sé muy bien para qué estás aquí. ¡Ven aquí, hija de puta, atrévete! ¡VAMOS!

Sus palabras me golpearon en el cerebro como un bate. Me sentía traicionada por ella. Por X. Por todos. Otra vez ese sentimiento. Necesitaba escapar.

Daphne intentó agarrarme por el pelo, pero conseguí zafarme de ella con un fuerte empujón, impulsado por todo mi dolor y mi rabia. Acabó golpeada contra la pared y cayó al suelo, dolorida por el impacto. Con todas mis fuerzas, le pegué una patada en la zona superior de su cuerpo, sin saber muy bien dónde le estaba dando (¿cabeza?, ¿torso?) y se quedó desmayada. Respiré hondo para recuperar el aliento y salí corriendo de allí. Hui en mitad de la oscuridad de la noche, alejándome lo más que pude de su vivienda. Me distancié cada vez más y más de las casas y las calles que formaban Change hacia lo más oscuro del bosque que se levantaba a un lado de la comuna. Mientras me apresuraba entre los árboles, alumbrada ya únicamente por el blanco de la luna, mi vista se nublaba cada vez más y más. No sabía si era la adrenalina, el cansancio, o quizá… Me paré en seco. Miré y ahí estaba. Yo misma me había clavado sin querer en la palma de la mano derecha la punta de la inyección que tenía que haber servido para neutralizar a Daphne. Me la saqué de un tirón con la otra mano. Todo me dio vueltas. Y finalmente mis ojos se cerraron…

Una voz cercana me susurraba al oído mientras me acariciaba el hombro:

—Mi amor... Mi amor.

Era mi padre.

—Papá —le miré de frente—. ¿Qué haces aquí? Pero, ¿por qué estamos aquí?

Miré alrededor y reconocí el lugar. Estábamos en nuestro lugar favorito del planetario. Una pequeña sala con proyecciones de estrellas, planetas y galaxias, en la que se transmitían sonidos reales del universo, esa mítica y casi desconocida banda sonora del espacio.

—Shhh, no hagas esfuerzos, Dana. He venido a decirte una cosa. Calla y escucha, mi amor.

—Pero papá, ha pasado algo que…

—Shhh, mira.

Sacó de su bolsillo una foto de cuando yo era pequeña. Salíamos él y yo.

—¿Sabes quién es? —preguntó señalándome en la imagen.

—Claro. Soy yo, papá.

Hizo una pausa y me miró a los ojos.

—Entonces, ¿cómo es que te has olvidado de quién eres? —no supe qué responder—. Tú siempre lo has tenido muy claro, desde que eras una mocosa. Nadie te lo ha tenido que recordar nunca. Así que no dejes que te hagan olvidarlo, mi amor. Usa tu intuición y tus palabras. Persigue tu sueño. ¿O es que ya no te acuerdas?

—¿Mi intuición? Mi… ¿sueño?

—Claro, ese sueño. El de llevar tus historias a la gente. Escribir. Es lo que siempre has deseado, desde que eras una niña.

—Papá, yo…

—Todo va a ir bien.

Mi padre me dio un abrazo fuerte de despedida mientras yo lloraba en su pecho. La sala comenzó a temblar. Y empecé a escuchar algo que no pertenecía ya al universo, sino a mi realidad actual.

Alan me sacudía suavemente mientras me daba pequeños toquecitos en la cara. Abrí los ojos confundida. Estaba tirada en el suelo bajo el bosque y él agachado, atendiéndome.

—Joder, tía, ¡me has asustado tela! ¿Estás bien?

—Alan… No… No puedo hacerlo, no puedo hacerlo. Es muy fuerte todo. No puedo.

Vi que me enseñaba algo con su mano.

—Dana, ¿quién te ha dado esto? —dijo mostrándome la inyección. Me miraba con extrañeza y preocupación, pero también como si entendiese en parte por dónde podían ir los tiros.

—Ha sido… Eso era para… —balbuceé temblando.

—Vale, tranquila, tranquila, no pasa nada. Vamos a ir a mi cabaña, nos relajamos y nos lo cuentas todo bien.

—¿Os lo cuento? Pero, ¿a quién?

—Hay un grupo de personas que quiero que conozcas.

CAPÍTULO 8

MAKE ME DO
x
ME HACES HACER

MAKE ME DO

En mi vida diaria fuera de Change siempre solía retrasar las decisiones muy importantes. Formaba parte de mi manera de ser. No es que fuese vaga ni irresponsable. Simplemente necesitaba hacerme a la idea de las cosas tiempo antes de acometerlas. Pero allí dentro llegó de repente el momento de sobreponerme y salir adelante. A la fuerza. De crecer, en definitiva. Ya no había tiempo para pensarlo. Era la hora de hacerlo.

La cabaña de Alan era mucho más austera que la casa de Daphne. Se notaba el espacio cerrado, el aire cargado, la tensión y el miedo. Había tan solo cinco camas, insuficientes para hospedar a las más de diez personas que allí estaban presentes. Todas ellas se alarmaron al verme.

—Pero, ¡¿qué hace esta tía aquí?! Esto es increíble —gritó una chica pelirroja de cabello corto al grupo—. Alan, sabes muy bien que…

—Brenda, tranquila —cortó él de raíz—. Y todo el mundo, tranquilidad. Ella está conmigo —el grupo se calmó. La pelirroja no tanto. Alan prosiguió—. Me la he encontrado inconsciente en mi ronda nocturna por el bosque central de Change. Cuando la vi tirada pensé que le habían hecho algo y me he asustado. No sería la primera vez que algo así ocurre por aquí.

Yo chillaba por dentro y todo el cuerpo me dolía, pero intenté parecer tranquila para no preocuparlos de más.

—Dana —Alan se dirigió a mí—. ¿Nos quieres contar lo que ha pasado?

—¿Dana? —preguntó Brenda—. ¿Pero esta no se llamaba C.R.?

—¡Silencio, Brenda, por favor! —sentenció rogándole Alan. Luego me miró de nuevo—. Dinos…, ¿qué pasó?

—Pues recuerdo que iba corriendo. Me adentré en el bosque lo más rápido que pude. Sentí que me golpeaba con todo: piedras, troncos, arbustos. Me duele aquí —me toqué la cabeza por encima de la frente—. Y en la pierna siento… —levanté un poco mi falda negra para verla. Mi rodilla izquierda estaba enrojecida por un enorme raspón—. Joder. Debí hacerme esto cuando me desmayé por la aguja y caí al suelo… estaba huyendo y…

—¿Huyendo de qué? —preguntó Alan.

—Alan, no… —susurré—, no quiero hablar de esto aquí.

La chica pelirroja dio un paso al frente y se acercó a mí. Me tomó de las manos con suavidad.

—Perdóname por lo de antes. Comprende que tenemos miedo. Hemos visto muchas cosas desagradables en Change.

Pero nos ayudamos los unos a los otros. Y podemos ayudarte a ti. No te voy a engañar, nunca nos fiaríamos de una como tú, una Xtar, pero si Alan te ha traído es porque entiende que no eres como las otras cuatro. Alan sabe muy bien cuando alguien necesita ayuda.

—Ufff. Bueno… Gracias, supongo.

Aparté mis manos de las suyas. Respiré hondo. Empezaba a poner en orden todo en mi cabeza. Desde la misión de X, la casa de Daphne, mi huida, mi trompazo. Y lo cierto es que lo único que quería era salir corriendo de toda esa puta locura. Tomé aire de nuevo y dije:

—A ver. Os juro que no puedo más. ¿De qué va todo esto? ¿Por qué estáis aquí reunidos?

Brenda actuó como la líder ¿oficial?, ¿no oficial? (no lo sabía) del grupo y tomó la palabra de nuevo:

—Las cosas nunca son como parecen. Todos nosotros entramos a Change esperanzados y con la mejor disposición para ser mejores, para estar bien. Y en algunas cosas así ha sido. Pero en muchas otras no. Cuando empezamos a poner en común ciertas situaciones que le ocurrían a cada uno por separado nos dimos cuenta de que algunas piezas no encajaban. Y comenzamos a cuestionarnos lo que en verdad está sucediendo en esta comunidad.

—¿Habéis pedido el libro de reclamaciones? —el grupo

continuó totalmente en silencio. Entendí que esa broma había estado completamente fuera de lugar.

—Esto es muy serio —continuó Brenda—. Algunos de nuestros compañeros y compañeras han desparecido. El registro oficial de Change dice que han vuelto a sus orígenes, a sus "vidas desgraciadas". Pero sabemos que eso no es posible aquí.

—¿Cómo que no es posible?

—Pues como que no. A Change se entra, pero de Change no se sale.

Joder, la tía sentenciaba. No me lo acabé de creer del todo. Pensaba en X, en Daphne y ahora aparecían ellos. Cada uno contando su propia versión de la historia. Y la verdad, ¿cuál era?

—El caso es que no estamos contentos con muchas cosas de aquí. Y necesitamos depurar y conocer lo que en realidad está pasando en Change. Queremos saber dónde están los desaparecidos. Queremos la verdad.

—Pero a ver, entonces sois algo así tipo…, como…, ¿La Resistencia?

—Llámalo así, si quieres.

Genial. Ya estaba en una puta película, de todas, todas. Lo cierto es que estaba cansadísima de toda esa mierda así en general. La comuna, los dramas, los jueguecitos. Pero no terminaba de fiarme del grupo de rebeldes, todo su cuento podía ser otra prueba de X para demostrar mi lealtad. Llegados a ese punto ya había decidido dos cosas (bueno, tres): La primera, que no iba a cumplir la misión encomendada por X, estaba más allá de mis límites personales y morales; la segunda, que iba a romper con él, fuese lo que fuese que tuviésemos...; ¡ah! Y número tres, que me iba a pirar de Change lo antes posible.

Decidí pues, sin mucho que perder, fiarme de los desencantados con la comuna porque en ese aspecto yo también era una de ellos, para qué me iba a engañar. Les expliqué todas mis idas y venidas con X. La ceremonia en la que Tres (Daphne) me negó, y por extensión a X, para ser la nueva Xtar. El encargo de X para "ayudarle" a deshacernos de Daphne. Descubrir que allí ya sabían todo sobre mí, y desde hacía tiempo. Que había discutido con Daphne por básicamente haberme estudiado, engañado y captado para entrar en Change.

—Pero si es que lo saben TO-DO de todos aquí, C.R..

—Brenda, en serio. Por favor, llámame Dana. Ese es mi único nombre de verdad.

El primer sol de la mañana ya me acompañaba en el camino. Volvía ya de regreso, hacia Ginza. Había pasado la noche intentando recuperarme de todos los sobresaltos en la cabaña de Alan, pero sabía que no pasaría mucho tiempo antes de que X me mandase a buscar, al no volver de la misión. Me sorprendía que no lo hubiese hecho ya, de hecho. Pero tenía que afrontar mis miedos. Además, no quería comprometerme del todo con "La Resistencia", por si acaso. Prefería ser un agente libre e intentar salir de Change lo antes posible. La noche anterior estaba tan agotada que había caído rendida en una de las camas del refugio de Alan.

Pero las pocas horas de sueño sí que me habían ayudado a tener una visión un poco más clara de todo lo que estaba ocurriendo. Y de lo que debía hacer con X: terminar toda relación. Caminaba absorta en mis pensamientos cuando noté una mano en mi hombro. Me giré sobresaltada. Era Karmel. Parecía preocupada, más que enfadada. Me preparé para improvisar alguna coartada para justificar mi ausencia.

–¿Dónde te habías metido? –me preguntó.

–Estaba con Alan y otras personas… Estábamos haciendo un GDM.

–¿Por la noche?

–S… sí… improvisado, vaya. Surgió así.

–Deberías saber ya que los Grupos de Debate y Mejora no están permitidos en horarios de descanso. En Change las horas de sueño son muy importantes.

—Lo siento, no tenía ni idea. Es que soy muy nueva aquí aún, perdona.

—Pero, ¡¿qué te ha pasado ahí?! —me preguntó mientras me miraba la rodilla. Luego me inspeccionó toda, como si se acabara de dar cuenta de mi lamentable aspecto.

—Nada, una caída sin importancia, me raspé con el suelo.

Karmel comenzó a mirar hacia todas partes, muy nerviosa. Preocupada. Finalmente, se giró a mí de nuevo:

—A X no le va a gustar nada todo esto. Te está buscando. Vamos.

En el camino hacia Ginza noté que Karmel estaba muy diferente conmigo con respecto a nuestras interacciones anteriores. Como si realmente le diese pánico la reacción que X pudiese tener al verme. Sentía que Karmel estaba más preocupada por mí que por ella misma. Eso me descolocó un poco.

—Karmel…

—No deberías juntarte con esa gente —dijo Karmel mirándome a los ojos. Yo podía ver el miedo en su mirada.

—Por… ¿Por qué? ¿No somos todos una familia aquí?

—Tú eres la Xtar. X te ha elegido a ti para ser algo así como la primera dama en todo su imperio. ¿No lo ves? Eres el referente femenino de su perfecta familia feliz. Él va muy en serio con todo esto. Tiene planes muy grandes fuera y no puede permitirse ningún contratiempo. Y a esos que mencionas, Alan y los otros, los tenemos en el punto de mira desde hace tiempo, no creemos que encajen en Change.

—¿Pero qué planes de X? ¿De qué hablas?

—Lo sabrás cuando él decida contártelo.

Me harté y estallé:

—¿Y entre esos planes estaba espiarnos para traernos a todos hasta aquí? ¿Y pedirme que me deshaga de Daphne en su nombre?

Karmel me miró extrañada y sorprendida de que le preguntase todo eso, pero se enderezó al instante.

—Sé que muchas cosas te van a parecer cuestionables cuando sepas de ellas. Y veo que algunas ya las has descubierto. No tengo las respuestas para todo aquí. Ni siquiera tomo las decisiones últimas. Todo pasa por X. Sé que a veces puede ser controvertido en sus maneras y en sus peticiones, pero él tiene una visión más amplia de todo esto. La visión general y el objetivo.

—Así que el fin justifica los medios.

—No estoy diciendo eso. Yo sé lo que te pasó fuera. Sí, vi tu dossier completo, es parte de mi trabajo. Lo que sí te puedo asegurar es que, si X siente que estás de su lado, hará todo lo posible por protegerte. No dejará que te pase nada similar a lo que casi sufres en manos de tu exnovio. Lo ha hecho conmigo. Yo estaba en una situación límite antes de llegar aquí. Muy límite. Y sé que tú también lo estabas.

—¿Pero muy límite cómo? ¿Qué te pasó?

—Ya lo conté en el festival cuando subí al escenario, sin profundizar. Yo te entiendo mucho, Dana —noté que se dirigió a mí por mi nombre real. No me incomodó, lo sentí como una señal de respeto y confianza hacia mí, de ponernos en plan sinceras… sin filtros.

—¿Por qué?

—Porque sé lo que es sentirse acorralada y violentada. Desesperada. Créeme, Dana. Yo estaba en una relación tormentosa, a punto de casi perder la vida. Mi exmarido me humillaba en público y me agredía en privado, pero yo era incapaz de romper con él, por nuestra hija. Yo no tenía los recursos ni los contactos para darle una buena vida, todo lo que tenía estaba a nombre de él. Buscando paz y respuestas conocí a X en un grupo gratuito de sanación y meditación. Él me abrió los ojos para llenarme de fuerza y terminar el sufrimiento de raíz. Cuando por fin me separé del padre de mi hija, él amenazó con matarnos a las dos. Y te prometo que nadie me ayudó. Las autoridades decían que sin pruebas fehacientes no podían proceder de manera legal, porque una amenaza no demostrable no era suficiente justificación para ofrecernos protección a mí y a mi hija. Y una vez que mi exmarido me encontró sola caminando por la calle, me agredió con una fuerza tan descomunal que casi me mata, allí tirada en la acera, como un animal atropellado. ¿Sabes lo que pasó después? Pues que encerraron a mi exmarido, pero lo soltaron en poco más de una semana, porque no había "cargos auténticos en contra". Ignoraron mi testimonio, no le dieron validez real, supongo que me veían por fuera demasiado fuerte y no me tomaban en serio. Cómo iban a pegar a una mujer tan imponente como yo, ¿verdad? Así de simple. Mi exmarido estaba de nuevo en la calle y yo no tenía a dónde ir. Entonces pensé en X y le volví a buscar. Sabía de cuando los grupos que tenía un entorno medianamente acomodado detrás. Él me ofreció protección y sustento. Y decidí dejar todo para seguirle. Venir a Change.

–Joder, Karmel… ¿Pero entonces tienes una hija? ¿Está aquí también?

–No, ella está en un sitio seguro en la ciudad. Protegida. Pero para que eso siga como está, yo debo estar aquí y hacer todo lo que pueda por Change. Por el proyecto X.

La cabeza me echaba humo procesando toda la información.

–¿Por qué me cuentas todo esto?

—Porque tú… Me recuerdas mucho a mi hija —una lágrima bajó discreta por su férreo rostro y yo me rompí un poco por dentro.

—Karmel… ¿Cuándo la viste por última vez?

—Hace cinco años. Cuando me vine aquí.

—¡Pero eso es una locura! Tienes que estar con ella, ¡tenemos que salir!

—No lo entiendes. Si salgo de aquí, mi hija muere.

—Denunciaremos a su padre para que tu hija esté a salvo.

—¡Eso ya lo intenté! ¿No lo entiendes? Además, está en mi contrato. Firmé una cláusula de exclusividad y lealtad con Change. La vida de mi hija es el aval. A cambio de estar aquí ella tendrá todo. Seguridad todo el tiempo. Pero si yo me voy…

Pero. Qué. Cojones.

—Karmel, yo me quiero marchar. Todo esto, TODO, es una locura. Se lo voy a decir a X ahora. Me piro.

—Solo te voy a pedir una cosa. Escúchalo a él. Hazlo por mí. Confía en mí. Escúchale, por favor. Solo una vez más.

Joder. Solo una vez más…

El recibimiento de X me descolocó por completo. Al llegar a Ginza, él estaba esperándonos fuera, pero se echó a mis brazos como un niño pequeño nada más verme.

–Estás aquí, estás aquí –repetía sin cesar mientras me daba besos en la cara.

–Vamos dentro –sentenció Karmel y adelantó el paso.

Cuando ya accedimos al complejo, X me preguntó si había comido algo. Al contestarle que no, encargó a Karmel un desayuno para los dos.

–Karmel puede estar también con nosotros –le dije muy seca a X.

–Ella sabe lo que tiene que hacer –contestó él.

Karmel se retiró. Escuché que hablaba de fondo organizando y pidiendo cosas para el almuerzo, me imaginé que con gente del equipo. Nos quedamos a solas X y yo. El momento que esperaba y temía a la vez.

–Te he echado terriblemente de menos. Estaba perdido sin ti. Me he dado cuenta de que ya no me imagino la vida en Change sin ti. La vida en general, sin ti. Tengo algo que proponerte, mi amor.

"Amor es una palabra muy fuerte", pensé.

–Escucha, X, yo…

–Sé que nos conocemos desde hace solo tres semanas pero siento como si fuesen años. Y sé que lo que pasa aquí en Change puede parecer fuerte. Te he pedido cosas muy grandes, pero quiero explicarte que todo tiene un motivo. Nada es porque sí.

Me preguntaba si Daphne habría ido corriendo a contarle lo que había pasado en su casa la noche anterior, pero luego imaginé que ellos no debían tener relación ya. X me había pedido que me deshiciera de ella y Daphne me dijo que él solo nos utilizaba. Aunque tampoco podía fiarme de esa perra. Ni de X. Respiré y me armé de valor para decir lo que quería decir.

—No estoy cómoda aquí. Y no estoy cómoda contigo.

—¿He hecho algo que te haya hecho sentir mal?

—Son muchas cosas a la vez. El caso es que…

Karmel entró en la sala con dos ayudantes portando las bandejas con nuestros desayunos. Llevaba más de doce horas sin comer, no me di cuenta del hambre que tenía hasta que tuve el plato delante. Aplacé el momento de la conversación y repuse fuerzas, por si las necesitaba después… Spoiler: sí que las iba a necesitar.

Mientras comíamos sentados en el suelo y prácticamente en silencio, Karmel se quedó de pie en una esquina, como en modo *stand by*, un robot o una inteligencia artificial esperando órdenes de su amo. Me dio mucha, mucha pena.

—Karmel, ven y come algo, hay de sobra aquí —le dije.

—¡NO! —X levantó el dedo índice para cortar mi propuesta.

—¿Por qué no? No nos vamos a acabar esto nosotros dos

solos, es mucho.

–Son las reglas. Sin reglas un sitio como este sería imposible de manejar. Ella lo sabe y por eso nunca se sentaría aquí con nosotros. ¿Verdad, Karmel?

–Es… cierto –respondió Karmel de la manera más aséptica posible.

X me agradeció que hubiese tenido el gesto para con ella, igualmente. Cuando terminamos se levantó del suelo. Yo hice lo mismo, pero al apoyar mi rodilla herida solté un quejido de dolor en alto, sin pensar.

–¡Aaaag!

–¿Qué es eso? ¡¿Qué te ha pasado?!

–Nada, una caída tonta.

–Déjame ver.

Se acercó muy preocupado para observar mejor mi rodilla y puso sus manos alrededor de mi raspada. Sentí un poco de náuseas cuando le vi dar besos a mi enrojecida piel.

–Yo te ayudaré, amor. ¡Karmel! –le gritó–. Vas a ponerle el X15R regenerador para curar esto cuanto antes. No puede estar así, pronto tendremos un acto público para la presentación del proyecto X. Y quiero que enseñe las piernas.

–¿Acto público? –pregunté–. No, no, no quiero ponerme nada, es solo un raspado, en dos o tres días ya estará bien –

protesté.

—X, lo siento mucho pero el X15R no está listo aún — apuntilló Karmel.

—Sí lo está, se pasaron las pruebas.

—X. Sabes que las pruebas se hicieron pero NO se pasaron.

—¿Pero de qué pruebas estáis hablando? —pregunté a ambos.

X soltó mi rodilla y se levantó muy serio hacia Karmel.

—Esto no es un Grupo de Debate y Mejora. Esto es una orden. Vas a llamar a la central y les vas a decir que preparen un X15R. Y luego se lo vas a aplicar tú misma a C.R. ¿Entendido?

—X, sabes cómo está todo. Es… es posible que no haya nadie ahora mismo allí.

—Entonces vas y lo preparas tú. ¿Entendido?

—De… de acuerdo. Como ordenes, X.

Karmel se dio media vuelta y se fue a cumplir el cometido. X volvió a ser el hombre amable y atento que sabía ser cuando quería conseguir algo. Yo tenía claro que no iba a dejarme engatusar bajo ningún concepto.

—Amor. ¡Si es que vamos a cambiar el mundo! ¿Te acuerdas cuando me preguntaste en Bratislava sobre la industria en la que trabajábamos? Pues te digo que estamos creando una revolución mundial. Sí, eso es. Productos regeneradores capaces de curar cualquier tipo de herida. Tratamientos que revierten el paso de los años. Tenemos a los mejores científicos trabajando día y noche, y la ambición de descubrir lo que nunca antes se ha descubierto. Estoy convencido de que hasta podremos encontrar la cura para algunas enfermedades que hasta ahora eran impensables de sanar. Físicas, mentales, de todo tipo. Estamos a punto de cambiar el mundo como se conoce hasta el momento. ¿Te imaginas lo que nos van a pagar por ello? Y quiero que estés a mi lado durante la comunicación pública. ¡Por fin estás aquí, después de tanto tiempo! La que esperaba, la mejor pareja para X, bella e inteligente. El producto correcto saldrá con la chica correcta. Tenemos que lucir lo mejor posible, como una familia normal modélica. Una familia perfecta, para inspirar al mundo.

–X…. ¿pero… qué estás diciendo?

–Change es solo el principio. Mi objetivo es generar mucho dinero para poder desarrollar estos productos y ayudar al máximo de gente posible. Quiero que la gente sepa que hay otros modos de vivir. Quiero llevar la felicidad a las poblaciones. Es todo lo que he querido siempre. Y a ti también te quiero hacer feliz –me agarró por la cintura y me miró, atravesándome casi el alma con esos ojos azules que ya no había recordado con pasión, sino con desdén… hasta ese momento.

–Yo… no… –me estremecí. Desconfiaba y esta vez no era de él, sino de mí misma.

–Dana. Para mi eres Dana, no C.R. Te veo por cómo eres, por quién eres en realidad. Sí, sé algunas cosas de ti. Tenía que saberlas, para poder ayudarte. Espero que me perdones. No podía darte todo lo que necesitabas si no lo sabía todo de ti. Y te digo una cosa: conmigo nunca volverás a sentirte como aquel día, con Ritch.

Ritch, mi exnovio. X conocía toda la historia. Claro, estaba en el dossier que me había hecho Daphne. Sabía pues que Ritch y sus amigos habían intentado violarme. Y que luego me acosaron durante semanas para que no dijese nada. Lo sabía todo. Me removí por dentro. Quería llorar, vomitar y abrazarme a él a la vez. Ritch fue el único motivo por el que quise venir a Change desde un principio. Para escapar.

–Ahora estás a salvo, pequeña. Nunca volverá a pasarte nada malo aquí.

Me besó. Quería oponer resistencia pero… caí.

Él era un manipulador y yo su víctima. Sí, lo sé. Lo sé perfectamente. Ese no era el plan. Pero en 5 minutos ya estábamos en su habitación, rodeados de neones y luces fluorescentes, como a él le gustaba todo allí. Y yo era la contradicción propia del ser humano hecha carne.

X tenía dos partes en él muy diferenciadas. La parte buena era estupenda, te hacía sentir querida como nunca antes te habían querido: entendida, escuchada, conectada con el universo. Pero la parte mala era muy oscura. Dudabas de todo, no comprendías sus motivaciones y te hacía cuestionarte a ti misma todo el rato. La parte luminosa era la que me había llevado de vuelta a él en ese momento, obviamente. Sabía que no estaba bien lo que había pasado y tenía muchos reparos en mi cabeza, pero sí que me había relajado y estaba dispuesta a escucharle. Nadie de mi entorno sabía lo de Ritch y sus amigos. Ni siquiera mis padres.

Llevar el peso de un secreto tan grande y doloroso dentro durante mucho tiempo te come por dentro. Se pudre, se hace feo, arrasa tu interior. Enterarse de que alguien más lo sabe puede ser liberador, en un sentido. No necesitaba, ni quería necesitar, a ningún hombre ni tampoco a ninguna mujer para poder sentirme bien. Quería poder valerme por mí misma. Pero de alguna manera, X me había hecho sentir comprendida… y segura. Así como Karmel se sentía con él. Y eso era todo lo que importaba en ese preciso instante.

En el ying y el yang de X, la cara oculta de la luna (su manipulación, su control, su destrucción) siempre estaba preparada para volver a hacer acto de presencia en cualquier momento. Debería estarle agradecida, en realidad: fue justo eso lo que me iba a ayudar a alejarme de él para siempre.

—Te perdono —me dijo X abrazados en su cama, se separó de mí para mirarme a los ojos.

—¿Por qué? —pensé que estábamos jugando otra vez, como en otras ocasiones.

—Por no cumplir la tarea que te encomendé con Tres.

—X… —me puse en alerta. Él sí estaba al tanto de todos mis pasos la noche de antes—. No… No me vi capaz, lo siento. No creo que pueda hacer algo así si me quedo contigo aquí.

—Te comprendo. Pero vas a tener que hacerlo. Es solo la primera vez. Sí. Yo sé lo que te falta. Y está delante de ti. Puedo traerte luz y vida esta noche.

—No…, no puedo, de verdad. No quiero.

—¿Tú sabes en qué consiste ser una Xtar? —se impacientó.

—¡Qué no me puedes pedir que mate a las que estuvieron antes que yo!

—No se les mata. Solo te pedí que me ayudases a dormirla. Se les lleva a X-Change, el epicentro del proyecto X. Y ellas nos ayudan, de otra manera, a seguir cambiando el mundo.

—¿Co… cómo?

—X-Change, ¡es nuestra fábrica de químicos! —su rostro se iluminó como un *entrepeneur* alardeando sus logros en una fiesta selecta en una terraza al aire libre—. Los productos que estamos desarrollando son absolutamente revolucionarios. Y requieren de pruebas de todo tipo. Las personas que ya no nos pueden ayudar en el día a día de Change pasan a formar parte de X-Change para seguir aportando de otra manera.

Me zafé de él, asustada.

—¿Me estás diciendo que pasan a ser cobayas humanas? X, por el amor de Dios…

—Cariño, todas las empresas farmacéuticas experimentan con animales y luego con humanos. Es la única manera de saber si algo funciona y llevarlo después a todo el mundo. Solo necesitas tener la firma de los individuos que van a participar en contratos bien cerrados. Y las obtenemos de todos ellos, muchas veces voluntariamente. Y las que no…, Karmel es muy buena replicando firmas, te sorprendería —su mirada adquirió un cariz diabólico.

—Estoy flipando —me levanté de la cama y me vestí—. ¿Para eso somos las Xtars? ¿Querías que durmiese a Daphne para llevarla a un laboratorio y hacer pruebas con ella? ¿Es eso lo que harás conmigo cuando ya no te sirva?

—¿Daphne?… Uy, llamas a Tres por su nombre real…

¿Es que le cogiste cariño a esa zorra cuando os revolcasteis juntas en tu ciudad? Qué asco, qué cosa tan más antinatural. Por eso te llevas bien con el Jackson 5 marica, claro. Pero me da igual, eso no es lo importante ahora. El caso es que la muy estúpida de Tres ha estado aquí. Vino a contármelo todo anoche, esperando conseguir mi perdón y recuperar su puesto como Xtar. Hasta se me echó encima, la muy puta. Yo me aproveché de ella y luego le pegué una patada en el culo y para su casa. Pero eso no cambia ni una sola coma del plan. Vas a ir con ella y vas a clavarle el pinchazo para que se duerma y que los operarios de X-Change la recojan. Tres va a seguir sirviendo a Change, pero de otra manera. La Xtar actual siempre se encarga de cualquier inconveniencia con las anteriores, es la tradición.

—No voy a hacer ni eso ni nada, ya.

—¡LO HARÁS! —X me agarró de los hombros y repitió impaciente—. Escúchame, respondona: la Xtar actual siempre se encarga de cualquier inconveniencia con las anteriores, ¡ES LA TRADICIÓN!

—¡DÉJAME! —grité mientras X me clavaba las uñas en los hombros.

Karmel entró por la puerta con una bandeja y un producto. X me soltó rápidamente en plan "aquí no está pasando nada". Yo jadeaba muy nerviosa.

—El X15R —anunció Karmel.

—Gracias, Karmel, muy amable. Así me gusta. Muy bien, querida —se dirigió a mí y señaló el producto, era un tubito pequeño con un líquido transparente dentro—. ¿Ves ese frasco? Nos va a hacer ricos. RI-COS. El X15R. Se llama así porque X soy yo, el creador y la mente maestra, JAJAJA; 15 porque se han hecho catorce versiones antes, todas ellas descartadas porque no cumplían por completo con el objetivo (aquí pido un minuto de silencio por los compañeros y compañeras de Change que entregaron sus vidas en las duras pruebas, siempre estarán con nosotros); y R por su poder regenerador. Sí, ya lo sé, el *branding* ya lo ajustaremos una vez salga a la venta, necesitamos algo más poderoso. Tú me ayudarás con eso, me han dicho que se te da bien escribir, ¿verdad? La cosa es que esta mierda es capaz de curar cualquier herida en segundos, minutos si es profunda o muy grave. Y vamos a usarlo en tu rodilla para comprobarlo. Karmel —X se dirigió a ella— procede…, haz los honores.

—Qué dices. ¡NOOOOO! —me levanté de la cama para salir corriendo pero X me sujetó y me inmovilizó. Me abrazó del cuello y tiró hacia atrás, me era casi imposible respirar. Con los ojos llorosos miré a Karmel. La vi igual que yo, aterrorizada, ya no podía ocultarlo.

—Zorrita, qué desafortunado todo —me dijo X con sus

labios pegados a mi mejilla–. ¿Tú sabes cuál es el principal cometido de una Xtar? ¿El principal, principal de todos?

–Suél…, ta…, me…

–Apoyar a X. En todo lo que necesite. Todo. ¿Entiendes el alcance de eso? No digo "un poquito", digo T-O-D-O. ¡Karmel! Pónselo. Ten cuidado, sabes que nos cuesta muchísimo dinero hacer uno de esos, tienes una fortuna en las manos ahora mismo.

Ella dudó por unos milisegundos pero finalmente se agachó para aplicar el producto en mi rodilla. Y entonces me acordé. Mi padre. Llevándome a clases de defensa personal con quince años. Me decía que ya tenía una edad y que quería que fuese autosuficiente y que no dependiese de nadie. Las mismas enseñanzas que utilicé para librarme de Ritch y sus amigos cuando la cosa se puso muy seria. Pero ahí salí victoriosa. Y eso es lo que haría de nuevo.

Gracias, papá... Otra vez.

Puse mi pie derecho sobre Karmel y la usé de palanca para echar todo mi peso hacia atrás. X cayó de espaldas sosteniéndome sobre su pecho, no paré de darle golpes en su nariz con la parte de atrás de mi cabeza hasta que por fin me soltó. La bandeja con el X15R saltó por los aires en el proceso. Luego escuché a Karmel gritar:

–¡AAAAAAARG! ¡Me quema, me quema!

Una parte del líquido había caído en el brazo izquierdo de Karmel. Su piel estaba echando humo, el líquido transparente produjo un efecto corrosivo hasta llegar a los músculos de su extremidad herida. Era la primera vez en mi vida que olía a piel quemada. Nunca lo olvidaré.

—¡PUTAAA! —gritó X. Su nariz no paraba de sangrar por los golpes que le había dado con la cabeza (ahora sí que iba a tener que lavarme el pelo)—. EL PRODUCTO NO —entró en cólera—. ¡VOY A ACABAR CONTIGO!

—¡Acaba con esto! —le pegué una patada en la entrepierna con todas mis fuerzas para inmovilizarle y asegurarme un tiempo valioso para escapar de allí.

X se retorcía de dolor con las manos sobre sus tristes doce centímetros de placer. Aproveché para salir corriendo hacia la puerta de salida. A un lado de la cerradura vi la tarjeta maestra de X, con la que accedimos a Bratislava el día de mi llegada. En un arrebato de lucidez me la llevé, convencida de que quizás la iba a necesitar después.

Buscando la puerta de fuera entre los pasillos de su mansión en Ginza me topé con una habitación casi oscura, una especie de armario con trajes, zapatos, vestidos y más. Supuse era el vestidor dedicado para todas las Xtars y sus posibles atuendos. Tomé de uno de los cajones una bolsa *zipper* con ropajes negros en su interior. Pensé que si me cambiaba de vestimenta tendría mayores posibilidades de despistarlos fuera.

Joder. ¡Joder con todo!

Corrí hasta salir al jardín principal, los cerezos en flor me guiaron hasta la salida de Ginza. Mientras más me alejaba no paraba de repetirme a mí misma: "Es hora de pelear de nuevo".

Esta vez iba a tener que luchar por mi propia vida.

CAPÍTULO 9

MY OWN
x
LO MÍO

MY OWN

"Eso es lo que te falta a ti. Claridad y disciplina. Una línea dura. Una mano férrea", fueron las palabras de Ritch antes de intentar violarme en grupo con sus amigos. ¿Cómo podía haber sido tan tonta para ponerme, otra vez, en una situación similar? Bueno, similar no: bastante peor. No necesitaba ninguno de estos nuevos problemas en mi vida, joder. Ya tenía bastante con el trauma de ese cabrón y sus secuaces. Pero recordé una de las palabras de Ritch: claridad. Era lo que iba a aplicar sí o sí en mis siguientes pasos para intentar escapar de Change. TENÍA que salir.

La adrenalina corría sin freno por mi cuerpo. Es paradójico, lo sé, pero sentía una energía sin límites que nunca había experimentado antes. Me encontraba más viva que nunca. Supongo que era el más puro instinto de intentar sobrevivir sana y salva. Corrí, corrí y corrí. Lo más lejos de Ginza que pude. Me sorprendió que X no hubiese mandado a nadie de seguridad a buscarme. Tampoco había nadie en el acceso de fuera, estaba abierto. Me di cuenta que el cabrón iba tan de sobrado por Change, como si fuera Dios, que nunca llevaba a ningún matón en plan guardaespaldas con él. Los únicos guardias que había visto en Change fueron durante el Afterlife Festival y en las entradas de Change. Pensé que al llegar a cualquier acceso estarían esperándome para detenerme y regresarme con X. Y no fue así.

Ese hijo de puta debía estar retorciéndose todavía de mi patada en los huevos. O ayudando a Karmel con la quemadura del X15R. Pobre, ella sí me daba mucha pena. Le había cogido un poco de cariño después de la historia de su hija y de cómo se había preocupado por mí. Me imaginé que X acabaría pagando con ella todo el pato. Pobrecita.

Corrí, corrí y corrí. Llegué a un puente que parecía desierto. Aproveché para descansar. Me cambié la ropa por la que había encontrado al escapar de Ginza. Y en ese momento me entró la desesperación. ¿Qué iba a hacer? ¿Cómo iba a salir de Change? Ni siquiera conocía bien el territorio. Podía estar súper lejos o súper cerca de una salida y ni siquiera me daría cuenta. Estaba perdida… Perdida, pero solo a nivel espacial. Porque en el interior me estaba encontrando ya a mí misma.

Nunca me he considerado una víctima. No es mi manera de ser. Yo sola me había metido en todo eso y sola iba a tener que salir de allí. O al menos eso pensaba hasta que los vi acercándose a mí de nuevo.

El grupo de la Resistencia caminaba desde el otro lado del puente a mi encuentro. Antes de reconocerlos me puse en alerta por si necesitaba volver a defenderme, pero me calmé al reconocer el pelo afro de Alan. Mi "Jackson 5 marica", como se había referido despectivamente X hacia él. Entonces entendí por qué Alan en verdad no era tan bienvenido en Change. Ese sitio promovía un entorno muy revolucionario de palabra, pero muy reaccionario y extremista en su base y, sobre todo, en su líder. Joder con el que no juzgaba…

Me acerqué corriendo a ellos. Alan se echó a mis brazos. Eran bastante menos en número de los que había la noche anterior en la cabaña de Alan: cuatro personas. Aclararon que ellos eran el núcleo duro y no querían comprometer al resto. Brenda por supuesto estaba allí. Me contaron que me habían seguido por la mañana al separarnos, ya que temían por mi integridad al volver con X. Que habían estado esperando a escondidas en las puertas de Ginza pero no habían entrado para no ponerme en riesgo, y también porque sabían que neutralizar a la persona de seguridad iba a ser un reto (sí que había alguien fuera controlando los accesos, entonces). Dijeron que escucharon el ruido de una pelea dentro y en ese momento decidieron atacar al vigilante de la puerta. Le durmieron con la aguja que yo iba a utilizar con Daphne: al parecer tenía líquido de sobra incluso después de habérmela clavado yo por accidente en la mano.

Alan se la había guardado la noche anterior cuando dormimos juntos en su cabaña. Comentaron que me vieron salir corriendo del interior, estaba tan agitada que les pareció más prudente seguirme y encontrarnos después para diversificar estrategias y no levantar más sospechas. Y yo les expliqué todo lo que había ocurrido dentro. X-Change, el proyecto X, el líquido corrosivo, la patada a X. Todo.

Ya sí que confiaba 100% en ellos. Eran mi última oportunidad.

—Gracias de verdad por ayudarme a salir de allí. Sin vosotros me habrían interceptado y quién sabe dónde estaría yo ahora —les agradecí con toda mi alma.

—C.R., sabemos que tú habrías hecho lo mismo por cualquiera de nosotros —respondió Brenda, ahora sí que estábamos en el mismo equipo.

—Os lo dije anoche y os lo vuelvo a decir. Llamadme Dana, por favor. Solo Dana.

—Entonces, ¿cuál es el plan? —preguntó Lola, otra de las integrantes del grupo, una chica bastante alta, de piel dorada y cejas pobladas.

—¡Salir de aquí cagando hostias! —respondió Brenda, líder no oficial de la Resistencia—. Perdón, cuando estoy nerviosa suelto muchos tacos. Ya habéis oído a Dana. Saben que estuvimos juntos anoche, saben todo. Y el plan es llevarnos de cobayas humanas para probar la mierda de cremas esas. Vamos a acabar ardiendo, como Karmel.

—Esa hija de puta es más mala que el demonio —apuntó Karl, un chico blanquito que entendí enseguida que era la pareja de Alan, al dirigirse a él—. Amor, ¿te acuerdas cuando nos vio juntos y nos separó por la fuerza?

—Sí, nos dijo: "aquí y ahora no, X viene en breve, soltaos" —añadió Alan.

—El respeto y la tolerancia no son el fuerte de X, doy fe — les dije—. Pero no os confundáis con Karmel. No es tan mala. Tan solo está en una situación absolutamente desesperada.

Les expliqué los motivos por los cuales ella había terminado en Change. Nos pusimos a hablar sobre cómo nunca se puede juzgar a las personas, que todo el mundo lleva sus propias historias dentro y que a veces no deberíamos cotillear sobre nadie sin conocer previamente por lo que están pasando. Que es mejor callar que opinar sin saber. Sin querer habíamos montado un Grupo de Debate y Mejora espontáneo, y sin estar bajo la agenda y las órdenes de ninguno de esos desgraciados de Change. De repente me di cuenta que quizás no era el momento para el autoconocimiento personal.

—Vamos a centrarnos, por favor. ¿Qué salida o salidas hay en Change?

—A ver, hay tres —explicó Brenda—. Por un lado, está la del festival, la del Afterlife, por donde llegaste tú. No la veo factible, seguro que está cerrada a cal y canto cuando no hay evento. No sé si te fijaste al llegar pero son puertas gigantes de metal. Imposibles de romper o mover. Luego está la puerta principal de proveedores y la que usa X cuando sale de Change para sus cosas, hemos averiguado que hace bastante vida fuera de aquí, en verdad. Es muy hipócrita con eso, nosotros no podemos salir, pero él sí. En esa hay seguridad, fijo. Y luego está el muro.

—¿Qué muro?

—Lo descubrimos en una salida secreta de la Resistencia para inspeccionar el terreno —dijo Alan—. Te explico, ahora mismo estamos al Norte de Change, sobre el bosque central. Al Oeste está el meollo: Ginza, las casas unipersonales de las Xtars, las cabañas del populacho de la comuna Change y las instalaciones del Afterlife Festival, la nave. Muy al Este se encuentra Bratislava y, ahora que lo sabemos gracias a ti, la fábrica de químicos X-Change. En total todo Change es bastante, bastante grande, definitivamente más que un pueblo y casi, casi, una mini ciudad.

—No has mencionado el Sur —dije—. ¿Supongo que el muro que decís se encuentra en aquella dirección?

—Exacto —respondió Brenda—. Change debió ser en el

pasado una finca dejada de la mano de Dios, antes de que montasen todo este tinglado. Como de cultivo o una granja de animales o algo así. El caso es que hay un pequeño montículo al que no llegaron con las vallas de Change o que está pendiente de acabar o quién sabe qué. Pero no tiene la valla metálica alta que rodea todo el resto del complejo. Es como un muro viejo de ladrillos. Creemos que se podría derribar con hachas o martillos o algo así.

—O una explosión —apuntó Lola arqueando una ceja.

—Una explosión, claro —repetí yo—. Si necesitamos material de ese tipo hay que ir a Bratislava… A X-Change. Allí encontraremos seguro. Es un puto polígono industrial. ¿Sabéis cómo llegar? Es que a mí el hijo de puta me llevó en el jet el primer día, para impresionarme, supongo y luego ya en coche con las lunas tintadas.

—Está en verdad lejos para ir caminando, pero… tenemos un coche, de hecho —intervino Karl—. Lo robamos de camino hacia aquí, un proveedor estaba dejando mercancía en un almacén y se había dejado las llaves puestas. No me mires así —me dijo dándome un pequeño empujón—, es cuestión de supervivencia.

—Te miro como a un héroe —dije—. Eso nos pone las cosas más fáciles. ¿Tiene bien de depósito?

—Está a tope, sí.

—Perfecto. Mirad esto —les enseñé la tarjeta que le había robado a X—. Se la tomé prestada al falso gurú. Creo que es una llave maestra que da acceso a todas partes, al menos en Bratislava la utilizaba él cuando íbamos y abría y hacía funcionar todo. Sospecho que puede servir también en otras zonas de Change. Podemos usarla como llave para entrar, pero en las fábricas seguro que hay equipos y maquinaria con múltiples accesos bloqueados con códigos… ¿Alguien controla de informática y esas cosas?

—Cariño —Alan levantó la mano y movió la cabeza—. Yo ni canto ni bailo, pero no se me pierdan: hackeé la web y los sistemas del Afterlife Festival porque las entradas estaban agotadas y yo quería venir de todas, todas. Así que me puse yo mismo en la lista para poder entrar dejando a otra persona fuera. Que maldita la hora en que hice eso, también te lo digo. Pero bueno. El caso es que llevo sin tocar un ordenador desde que llegué aquí pero eso es como montar en bicicleta, no se olvida.

—Venga, pues ya estamos todos —interrumpió Brenda—. Vamos al lío.

—¡Al lío! —respondí.

Se nos venía uno grande. Más grande de lo que nunca hubiésemos podido imaginar.

CAPÍTULO 10

KARMA IS A B...

x

EL KARMA ES UN C...

KARMA IS A B...

Estábamos en una misión destinada a completar nuestro propio camino, no el de Change. El verdadero cambio. La libertad y la emancipación reales. El karma podía ser un cabrón, y a su debido momento X se iba a dar cuenta.

Se sentía bien estar dentro de un grupo, incluso bajo ese tipo de circunstancias. A lo largo de mi vida prácticamente no había formado nunca parte de nada, de ningún conjunto de gente, grande o pequeño. Pero allí, aunque fuese por mera supervivencia, compartíamos un mismo fin: escapar.

Nos dirigíamos en el coche hacia la zona de Bratislava y las fábricas de X-Change, muy despacio y por los parajes menos obvios, evitando las carreteras que conectaban los puntos principales y siempre pendientes de que nadie nos siguiera ni se cruzara en el camino. No teníamos dudas de que ya nos estarían buscando por cielo y tierra. Nos detuvimos en más de una ocasión para analizar nuestro siguiente movimiento.

—Mejor lento que muerto —repetía Karl al volante mientras atravesábamos por una reducida vereda el bosque central de Change. Queríamos evitar ser localizados por un helicóptero que estábamos escuchando volar encima de nosotros.

El sol se fue escondiendo durante el trayecto. Karl decidió retomar una de las vías principales, para llegar a nuestro destino antes de quedarnos a oscuras en el bosque. Cuando alcanzamos la carretera la noche ya reinaba y de repente, la iluminación nocturna se encendió. Dos líneas de luz roja tenue iluminaron los bordes. En cada kilómetro, las farolas bajas con luces en tonos azules nos indicaban que íbamos avanzando. Brenda nos explicó que la iluminación nocturna de Change y sus alrededores estaba inspirada en un proyecto experimental de Dinamarca, con una luz roja suave para no perturbar a los animales. Pero allí lucía literalmente como una peli o videojuego de miedo. A pesar del espectáculo de luces, me estaba rayando bastante. En Change no se veían casi animales, por cierto. En fin, la hipocresía. Me pregunté si habían hecho "limpieza" en el pasado por orden de X.

—Estamos llegando — avisó Lola, que tenía perfectamente en la cabeza su propio mapa de Change—. Ahí está la entrada de la parte industrial. ¿Te acuerdas ya de cuando tus visitas, Dana?

—Me empieza a sonar, sí.

—Dejemos el coche apartado de las instalaciones y nos acercamos a pie. Así evitamos que nos rastreen, es lo más prudente —propuso Brenda, siempre inteligente.

Llegamos caminando al polígono. De 1 a 10 mi ansiedad en ese momento era de 15. ¡Por Dios! Caminando entre esos edificios recordé mi primer paseo con X. De lo flipada que había estado con él. De cómo me había engatusado. Y del asco que me daba ahora.

—¡Joder! ¡Pero si aquí no hay ni una puta puerta! ¡Hostia! —ahora ya sabía que cuando Brenda estaba nerviosa su número de palabras malsonantes por segundo era de récord—. ¿Cómo coño vamos a entrar a algún sitio?

—Con la tarjeta, la llave maestra. Tengo una teoría —estar tan cerca del falso mesías me había hecho de alguna manera empezar a pensar como él—. Por lo que me explicó X, Bratislava es como el centro de todo para él, su base. Tendría sentido que eso fuese como una puerta principal única y que desde allí dentro se accediese al resto de instalaciones. Otra manera de tener las operaciones de la fábrica bajo su control absoluto. Manejarlo todo, así como a nosotros, incluyendo a las Xtars y a Karmel. Nuestra entrada es Bratislava.

—En plan laberinto —apuntó Alan—. Múltiples caminos, pero solo una entrada y una salida.

—¡HOSTIA PUTA! —gritó Brenda con un tono desesperado y llevándose las manos a la cabeza.

—Tranquilidad —nos calmó Lola—. Podemos dividirnos una vez dentro y reencontrarnos en Bratislava. El objetivo es encontrar explosivos o cualquier tipo de herramientas para derribar el muro, ¿no?

—Pero… ¿qué pasa si alguno de nosotros no vuelve? —preguntó Karl.

Brenda recuperó la compostura y muy seria volvió a ejercer su papel de líder:

—Si alguien no vuelve o le pasa algo, los demás siguen adelante.

El resto nos miramos nerviosos.

—Br… Brenda —me atreví a hablar—. Entiendo lo que dices… pero creo que juntos sí que podemos salir tod…

—Entiendo tu idealismo —me interrumpió—. Pero esto no es un juego. Es una misión de supervivencia. No nos vamos a dejar atrás los unos a los otros porque sí, no estoy diciendo eso. Pero si algo pasa, el resto tiene que seguir adelante. Al menos uno de nosotros tiene que salir de aquí. Esa persona se encargará de avisar fuera y traer a alguien para que cierren el chiringuito y saquen a todo el mundo de aquí. Se lo debemos al resto de gente de la comuna. Se nos acaba el tiempo. ¿Entendido?

Brenda extendió su mano al centro. El resto hicimos lo propio dándonos palabras de ánimo. Levantábamos los brazos al aire… A mí me faltaba el aire.

Localicé el acceso a Bratislava por el que había entrado

la primera noche con X y las veces posteriores. Pasé su tarjeta por la ranura y recé para que funcionase. Podía no ser la buena o haberla desactivado X de manera remota para que dejase de funcionar.

—Aquí no pasa nada —dijo Brenda impaciente—. Joder, ya sabía yo que…

—Espera —interrumpí.

Pitido. La puerta comenzó a deslizarse sola. Yo sonreí aliviada y dando las gracias a mi Dana de hacía unas horas por robar ese trozo de plástico casi mágico. Entramos.

—*Wow*, el hijo de puta, todo esto aquí… —Brenda estaba impresionada al ver tantas máquinas de arcade en marcha a la vez.

—Me dijo que venía para relajarse y reconectar con su verdadero yo —expliqué al grupo.

—El cabrón tiene un salón recreativo literalmente para él solo —susurró Karl.

—Para él solo y para usar de picadero. Sin ofender, Dana —Lola me tiró la puyita.

Pero es que era la verdad. Me había traído hasta su red de araña… nada más conocerme. Y yo como una idiota había caído presa.

Nos dividimos en dos grupos: Brenda y Lola iban por un lado; Alan, Karl y yo por otro. Quedamos en que si pasaba cualquier cosa nos reuniríamos fuera, en la entrada. El objetivo era dar con cualquier tipo de material u objeto que pudiésemos utilizar para echar abajo el muro. Nuestra única salida posible hacia el mundo exterior. Pero allí en Bratislava no había nada útil. Los mazos de las recreativas eran de juguete. Y aunque había muchas piezas metálicas, no las podíamos desprender de sus máquinas y ninguna parecía adecuada para perforar un muro. El tiempo apremiaba. Nos reencontramos con las chicas y decidimos pasar a la parte B del plan: intentar encontrar algún acceso a los edificios de las fábricas desde allí dentro.

Tras varios intentos fallidos con la tarjeta maestra en diferentes accesos, finalmente dimos con uno bueno detrás del salón de juegos de SEGA. Introduje la tarjeta y una puerta se abrió. Mi teoría loca de que Bratislava era la vía que conectaba con todo lo demás allí dentro había funcionado. Al otro lado había un pasillo blanco y un entorno aséptico. Me cagué viva. Otra vez todo parecía un videojuego siniestro.

—Vamos, no hay tiempo que perder —Brenda volvió a tomar las riendas.

Caminamos con prudencia, en caso de que hubiese trabajadores o gente dentro del espacio. Recorrimos los pasillos blancos como las nubes, con enormes salas cerradas con instrumentos de investigación y laboratorio. Definitivamente, era la zona farmacéutica. Todas las salas tenían en la puerta nombres en código, similares al del X15R, con el que sin querer había quemado viva a Karmel al zafarme de las garras de X. Intentamos entrar en ellas, pero no se abrían, ni con la tarjeta maestra ni por la fuerza, claro. Seguimos caminando sin saber muy bien lo que se suponía que buscábamos. Y justo al girar un pasillo, vimos una figura moverse, al fondo.

—Cui-da-do —susurré e hice un gesto al resto para que diesen un paso atrás.

Brenda y yo volvimos a mirar por la esquina, con suma delicadeza. Era una chica sin pelo vestida con una bata blanca. Caminaba como desorientada y cojeaba de manera evidente.

—Esa tía estaba en Change —Brenda susurró.

—¿Qué? —Alan se acercó a nosotras a mirar también—. Sí… está súper cambiada y ahora no tiene pelo, pero es Alicia, seguro. Joder, ¿qué le han hecho?

Se me encogió el corazón. Y lo vi claro:

—¡Vamos! Tenemos que sacarla de aquí.

Me adelanté mientras Brenda intentaba detenerme, como enfadada por arrebatarle el liderazgo. Siempre he sido así. Nunca fui de clanes ni grupos. Pero nunca he soportado las injusticias con otras personas. Si veía una situación que no me parecía bien, era capaz de sacar un ímpetu que de normal no tenía. Y ahí hacía acto de presencia de nuevo.

—¡Alicia! —la llamé. Me planté delante de la pobre chica. Se sobresaltó y me miró con cara de cordero a punto de ser degollado. Estaba aterrada y no podía articular palabra—. Alicia, tranquila. No vamos a hacerte nada malo. Somos compañeros tuyos de Change —los otros cuatro se acercaron por detrás de mí.

Comenzó a temblar en cuanto escuchó el nombre del lugar. Brenda no pudo evitar intervenir:

—Alicia, nos tienes que decir qué te ha pasado para poder denunciarlo fuera. ¡Vamos! —Brenda intentó agarrar su brazo pero ella hizo un gesto violento, casi automático, para apartarse.

Alan se acercó entonces, mostrando su calmada energía de ser de luz, así como era él:

—Alicia, ¿te acuerdas de mí? Estuvimos juntos en nuestro primer Grupo de Debate y Mejora. Charlamos un poco después y yo te dije que ese era mi primer GDM y tú me comentaste que también el tuyo… ¿Te acuerdas?

—S… sí… —susurró Alicia. La primera palabra que emitió delante de nosotros.

Alan aprovechó que se había ganado su confianza:

—Mira, estamos aquí porque todo ha ido mal. Todo este sitio… no es como pensábamos —Alicia negó enérgica con la cabeza y a continuación afirmó. Se encontraba claramente mal—. Estamos intentando salir y buscar ayuda. Pero para eso necesitamos saber lo que está pasando aquí. ¿Estás sola?

—So…, soy la última.

—¿La última?

—Los han ido matando. Yo soy la única que queda.

Un silencio absoluto se adueñó del momento.

—Mira, ven —Alicia tomó la mano de Alan y empezó a caminar. El resto seguimos detrás de ellos.

Nos condujo a una sala enorme, como un hospital de guerra. Noté un olor terrible al entrar. Había como cincuenta camas y boxes que las separaban, cada espacio con un número. Alicia volvió a hablarle a Alan:

—Todo el mundo está muerto aquí ya. Menos yo.

Retiré la cortina de uno de los boxes y vi el cuerpo de un chico joven, de no más de veinte años. Tenía el pecho negro, calcinado, y mechones de pelo caídos por el suelo. Estaba muerto. Asesinado. En mitad del silencio, Alicia retomó la palabra:

—Todos se fueron.

—¿Quiénes se fueron? —preguntó Alan forzando un tono de voz que le hacía parecer tranquilo, para intentar seguir tirando del hilo.

—Los doctores. Todos los tíos y tías de bata blanca. Llevaban un símbolo de X en el pecho. Y mira: —Alicia se descubrió un hombro y le mostró una X tatuada a fuego. Los habían marcado como a animales. Ellas y ellos eran el proyecto X.

El ambiente era irrespirable. No solo por el insoportable olor. La realidad era terrorífica y nos superaba por completo. Karl estaba a punto de vomitar y Lola estaba en estado de shock, inmóvil. Brenda se esforzaba para no intervenir, pero dejó que fuese Alan el que siguiese obteniendo información.

—Alicia… ¿Dónde se fueron los tipos de bata blanca?

—Al principio había muchos y nos hacían cosas todos los días. Nos sacaban cuando querían y nos llevaban a salas. Y nos pinchaban con cosas. Do… dolía mucho. La gente lloraba, gritaba. Algunos no lo soportaban —seguíamos escuchando en silencio—. A una chica le quemaron toda la cara y luego llevaba una máscara blanca —Alicia rompió en llanto.

—…Os… ¿Os dijeron qué probaban?

—Nos dijo que eran…, eran cosas para que la gente fuese más feliz. Lo dijo él, una vez que vino a vernos.

—¿Quién vino, Alicia? —preguntó finalmente Brenda.

—X… nos dijo que estábamos salvando el mundo y que

saldríamos en los libros de historia.

"Puto psicópata", pensé. Tenía ganas de gritar. De romper cosas. Incluso de matarlo. Me asusté de mí misma.

—¿Y la gente de blanco? —retomó Alan la conversación.

—Estaban muy nerviosos y cada vez eran menos. Escuchábamos que se iban. Uno se marchó en mitad de una prueba con gel caliente. El chico con el que experimentaba se puso a convulsionar, el señor de blanco dijo que no le pagaban tanto para aguantar eso y acabar en la cárcel.

—¿Qué más decían?

—Ya al final repetían mucho que no funcionaba, que esto no se hace en tan poco tiempo, que era una locura… Otro que me caía bien siempre susurraba "pobres chavales, pobres chavales", cuando caminaba entre los boxes a buscarnos. Una de ellas, una mujer, un día gritó: "¡Puta gente rica, están enfermos!", se me quedó grabado eso.

—Alicia, ¿por qué te has quedado aquí? ¿Cuánto llevas sola en este sitio?

—No lo sé, días. O semanas. Me voy a morir aquí.

—¡No! ¡¿Por qué dices eso?!

—Es la verdad. Yo lo sé.

—N… no, no.

Se abrió la bata y nos mostró el pecho. No llevaba nada debajo. Unas ramificaciones negras recorrían todo su torso, desde el centro hasta el cuello. Estaba muy oscuro y tenía una pinta terrible. Nunca había visto nada igual.

–Y ahora, ¿te lo crees ya?

Alan intentó convencer a Alicia para salir de ahí, pero no hubo manera. Nos llevó al box número 13. Y allí estaba el motivo: su hermana gemela, Olivia, ya fallecida. Bueno, mejor dicho: asesinada.

–Siempre hemos estado juntas. Llegamos al festival juntas. Y ahora aquí. Hasta el final. No me iré, me quedo con ella. Lo que me tenga que pasar será a su lado –dijo mirando a Alan mientras no soltaba la mano del cadáver de su hermana.

Dejamos a Alicia en ese cementerio de experimentación humana mientras una parte de todos nosotros moría también en el proceso. Caminábamos de vuelta por donde habíamos llegado, en completo silencio. Estábamos en estado de absoluto terror. Y de repente se me vino todo a la cabeza. Claridad. X. Un flash.

–Está arruinado –exclamé.

–¿Qué? –contestó Brenda.

–X. No le queda dinero. Por eso los científicos se han ido marchando. No les pagaban bien para asumir un riesgo tan grande o simplemente les dejaron de pagar sus nóminas. Y no sé vosotros, pero mi entrada del festival fue carísima, al igual que todo lo que vendían dentro. Y luego Karmel me pidió mi tarjeta y apoyo económico enseguida. Necesitan pasta. Este sitio es enorme y el tipo tiene un puto jet privado. Y todo este numerito farmacéutico experimental debe haber sido carísimo de montar. X estaba desesperado por lanzar públicamente el X15R y las otras cosas cuanto antes. No podía esperar.

—Pero los científicos le dijeron que necesitaban más tiempo —conjeturó Lola.

—Y X dijo que no, que los productos tenían que salir ya. Y le han dejado solo con el desastre —concluyó Brenda.

—Ya os conté lo de la quemadura de Karmel. Y habéis visto a todos esos pobres chavales. Los han matado para intentar hacer que funcionen unos productos que han resultado ser un absoluto fracaso, sin solución ni redención.

Un sonido gutural nos sacó de nuestras teorías. Era Karl, aliviándose por fin en una esquina y vomitando hasta la primera papilla. Nuestra urgencia por salir ya no era cuestión de supervivencia personal, sino también de justicia. ¿Cómo íbamos a explicar todo aquello fuera? ¿Quién nos iba a creer?

De camino de vuelta, encontramos una salita diferente al resto, que parecía de inventario. Intentamos abrirla con mi tarjeta… pero como todas las demás allí dentro, no funcionó.

–¡Ya está bien! ¡Hombre ya! –Brenda agarró el extintor de la pared y empezó a golpear con fuerza y entre gritos el pomo de la puerta, hasta que consiguió romperlo. A continuación, pegó una serie de patadas rápidas y seguidas, hasta que consiguió dejarla entreabierta. Me impresionó, la verdad. Tanto buscar algún elemento para hacer caer el puto muro de fuera y resulta que teníamos a una especie de Chun-Li experta en artes marciales entre nosotros.

Dentro de la sala había todo tipo de materiales, sólidos y líquidos. Alan encontró tres mochilas en una taquilla al fondo. Brenda, él y yo decidimos meter en ellas lo que pudiésemos, no solo por si lo necesitábamos después sino también para tener pruebas, si salíamos de Change. Identifiqué cajas con agujas como la que X me entregó para atacar a Daphne. Joder, las producían a granel. Lo fuerte es que junto a ellas había como una especie de pistolas disparadoras, con las agujas ya insertadas dentro. Innovación al servicio del mal. Por supuesto, a las mochilas. También había por allí un montón de píldoras, que no sabíamos de qué eran, y tarritos con cremas y productos varios, las movidas que quería colocar X fuera. Alan las puso también en su bolsa. Y llegamos al puto X15R, el producto estrella. Estaba en tres tamaños: cápsula mini, frasquito mediano (con el que Karmel se quemó el brazo) y envase grande para toda la familia.

—Cuidado con eso —avisé—. Los recipientes se ven seguros pero el líquido de dentro es corrosivo a morir.

Y entonces vi algo que me dejó sin respiración. Junto a los X15R había una especie de plan de campaña de marketing para su lanzamiento. Un folleto con una imagen de X…, y yo junto a él con un niño y una niña en nuestros regazos. Habían puesto mi cabeza encima del cuerpo de otra chica. *Photoshopeada* viva. El titular decía: *Conoce REJUNE-X, la revolución médica. Tu familia segura con REJUNE-X.*

WTF! Hojeé un poco por dentro mientras la ira crecía y crecía en mi interior. La información continuaba:

El magnate X continúa su labor para mejorar la vida de todos los seres humanos que vivimos en este planeta. Junto a su esposa y sus bellos hijos, han decidido compartir con el mundo sus últimos avances científicos. Tras la línea de belleza para hombre y para mujer X-BEAUTY; por fin un producto que regenera las heridas, la piel y cualquier tipo de agresión en tu cuerpo. La cura que el mundo estaba esperando, la revolución de…

Cerré el panfleto de golpe.

—Alan —le llamé—, entonces tú eres el *hacker* del grupo, ¿habías dicho?

—Sí, bueno, eso creo. ¿Qué plan tienes?

—Vamos a darle donde más le duele. El karma es un

cabrón. Y a su debido momento se va a dar cuenta.

El rostro de Brenda no aprobaba mi mirada de venganza.

—Tenemos que salir corriendo de aquí —dijo Brenda—, no tenemos tiempo.

—Es un segundo. En la inspección de antes he encontrado la sala central de Bratislava, todas las máquinas recreativas están como conectadas a un ordenador principal grande, en plan nave nodriza. Quiero joderle los sistemas para que ninguno de sus juguetitos funcione más. Alan, ¿crees que puedes hacerlo?

—Puedo intentarlo…

—¡Esto no va sobre ti! —Brenda me increpó—. Nos estás poniendo en peligro a todos solo por una chiquillada.

—Brenda, ve saliendo tú si quieres. Bratislava es lo más importante para X. Yo he estado con él y le conozco bien. Esto es su vida, lleva coleccionando y construyendo este refugio durante años. Se trata de hacer justicia a toda esa gente que acabamos de ver muerta ahí dentro, ¿de verdad te parece una chiquillada?

Cerró la boca y fuimos hacia la sala con el cuadro de control. Alan se sentó a los mandos. Había varios monitores pequeños con las pantallas de sus respectivos juegos. Y un ordenador central que lo recogía todo en una pantalla más grande.

—¡Alan, haz tu magia! — se animó a sí mismo y estiró los dedos para empezar.

En cuestión de minutos, el monitor central comenzó a llenarse de lenguaje de programación y progresivamente cada una de las pantallitas de las recreativas mostraba un aviso de "OUT", una detrás de otra. Finalmente, todas se quedaron sin servicio.

—Bueno, pues ya estaría —se jactó Alan.

—¿Las has desconectado del principal solamente o las has jodido una por una? —pregunté muy seria.

—Lo primero. Se van a tirar días o semanas para rehacer todo esto.

—¿Y no puedes destruirlas del todo? ¿Que no funcionen nunca más?

—Dana, muchas de esas máquinas son muy antiguas, hay algunas bastante retro. La conexión a un sistema más nuevo como este es muy sensible y si hago eso pueden reaccionar de maneras muy imprevisibles. Tienen cables y materiales de hace muchos años. Pienso sinceramente que no es seguro hacer eso.

—Hazlo.

—¡DANA! —me gritó Brenda.

—¡HAZLO, JODEEEER! —me abracé hacia Alan por detrás, casi suplicando. Me miró y se puso a escribir código en el teclado. Y yo presioné ENTER.

Una señal de alarma llenó todos los monitores y escuchamos una fuerte explosión. Salimos corriendo de la sala, miré a un lado y vi la máquina recreativa de carreras, en la que X y yo habíamos apostado y jugado, toda cubierta en llamas. No puedo mentir. Estaba feliz. Sentía dentro de mí el dulce sabor de la venganza. Al estar todo lleno de cables y aparatos técnicos, el fuego empezó a propagarse con tremenda celeridad. En cuestión de decenas de segundos Bratislava ya estaba ardiendo por completo. El refugio seguro de X se venía abajo. Iba a quedar reducido a cenizas. Lo que él había hecho antes con las almas de tantas personas. Y lo que había conseguido hacer casi con la mía.

Como en uno de los rituales que tanto le gustaban a él en Change: se quemaba lo malo.

Ahora sí era el momento de marcharse. Pero que nos fuesen a dejar hacerlo… eso iba a ser otra historia.

CAPÍTULO 11

STARTED NOW
x
EMPEZAR AHORA

STARTED NOW

Una cosa que siempre se me había dado bien, por alguna razón, era hacer borrón y cuenta nueva. Por lo general, cuando me pasaba algo malo yo lo intentaba enterrar al fondo de mi memoria y seguía adelante como si nada. El problema es que cuando metes y metes basura debajo de la alfombra… llega un momento en que se acumula un bulto tan grande de mierda que ya no se puede ocultar más. Y todo eso lo llevaba yo guardado dentro. Hasta entonces.

Las alarmas sonaban ya de manera estridente en el complejo industrial. El fuego de dentro de Bratislava había creado el caos y el sistema de seguridad del lugar se había desatado finalmente. Aunque habíamos cerrado a cal y canto la entrada del salón recreativo, se seguían escuchando las explosiones del interior. En minutos el fuego podía acabar propagado al resto de los edificios, al estar todos conectados por dentro y contar además con todo tipo de material inflamable y de laboratorio. Pensé en Alicia junto a su hermana. Dios mío.

—¡Tanto lío y seguimos sin tener nada para romper el muro! ¡JODER! —se quejó Brenda.

—Ya haremos algo. Tenemos el X15R —contesté.

—¿Estás de coña?

No lo estaba. Yo misma había sido testigo de lo que unas simples gotas podían hacer, concretamente en el brazo de Karmel. ¿Algunos frascos enteros podrían suficientes para destruir simples ladrillos? O quizás estaba pecando de ingenua.

La urgencia real nos sacó de nuestra pequeña discusión. Las alarmas pararon de repente. Desde alguna parte de Change alguien estaba ya al tanto de lo que estaba pasando en Bratislava, entonces. Y ya era cuestión de tiempo que viniesen a por nosotros. Con el incendio les habíamos regalado nuestra ubicación exacta. Eso era mi culpa. Por mi deseo irrefrenable de venganza… aunque prenderlo todo en llamas no estaba entre mis planes, tan solo joderle los juguetitos a X.

Unos ruidos de motor en la lejanía nos pusieron de nuevo en alerta máxima.

—Rápido, ¡tenemos que ir al coche! —Karl tomó la iniciativa.

—¡Esperad! —apunté yo—. Las agujas. Tengamos a mano las pistolas con las agujas para neutralizar a quien venga, por si necesitamos atacar con algo.

—Dana, ¿es en serio, tía? ¿EN SERIO? —Brenda estaba perdiendo la poca paciencia que le quedaba ya conmigo.

—Tiene razón —Alan me defendió—. Vamos literalmente con las manos vacías y no sabemos quién viene ni cuántos son. ¡Necesitamos algo!

De las mochilas sacamos rápidamente las agujas y las pistolas, Brenda a regañadientes, e improvisamos armas de defensa. Nos quedamos cada uno con unas cuantas y corrimos hacia la salida franqueando la puerta. Y justo entonces apareció ella, derrapando su moto en horizontal, delante de nosotros, como en una entrada casi de película. Llevaba un mono rojo brillante que resaltaba toda su figura y que hacía juego con el color de su moto. Se quitó el casco y me miró fijamente a los ojos.

—Hola, putita —me saludó con sorna Daphne, Tres para mis compañeros. Junto a ella se posicionaron otras seis motos. Parecían sus matones de seguridad—. Vaya, vaya, la que has liado, pequeña zorra. ¿Parece que tenía yo razón? X se equivocó contigo, ¿verdad? Vaya elección.

—¿Se equivocó o tú buscabas que se equivocase? —respondí con firmeza y sin dudar y Daphne hizo una mueca entre la sorpresa y la burla—. Está todo bastante claro, ¿no? Como manda la tradición aquí, X os envió a las anteriores a buscar candidatas para la siguiente Xtar. Era tu misión, ¿cierto? Pero lo diferente de este año es que iba a ser la definitiva. Sabías que X necesitaba lanzar cuanto antes el proyecto X, que el dinero se le estaba acabando. Y que quería empezar la campaña promocional con una Xtar del brazo y los hijos de mentira de ambos al lado. Tú te preguntabas por qué esa Xtar permanente y famosa no ibas a poder ser tú. Por qué otra tenía que ocupar tu lugar, cuando tú te convenciste claramente de que eres, fuiste y siempre serás la mejor que ha estado nunca a su lado.

—*Wow*… Vaya, te admito que me impresionas. Explícame más, cerdita, te escucho.

Daphne lucía divertida por la situación. Sus insultos me irritaban cada vez más, pero mantuve la compostura y continué:

—Entonces, las cuatro Xtar anteriores os ponéis a hacer trabajo de captación, que es lo que os toca en ese momento. "Es la tradición". Y tú te preguntas cómo has pasado de ser la reina del cotarro a estar repartiendo folletos y espiando a niñas bien con problemas. Y das conmigo. Te enteras de todo sobre mi vida. Pero lo que más te convence de mí para elegirme como candidata no es mi pasado ni mi familia. ¿Sabes qué es?

—Yo sí lo sé, pero dímelo tú.

—Pues que a mí los problemas me habían dañado como persona, pero no me habían roto del todo. Que estaba lo suficientemente perdida para caer, sí, pero que no pasaría mucho tiempo hasta que me diese cuenta de la realidad. Que me rebelaría. Y que ahí estarías tú para arreglarlo todo y demostrarle a X que siempre habías sido la única elegida y que contigo eso no hubiese pasado ni pasaría nunca. La mejor Xtar.

Daphne soltó una sonora carcajada y empezó a aplaudir de manera extravagante.

—Ay, Dana, ¡de verdad! Lo has dramatizado un poquito, ni que fuera yo una trepa, por Dios. *Moi?* JAJAJAJAJA —su burla desmedida era señal de que estaba rompiéndose y enloqueciendo, así que me puse en alerta; con disimulo palpé las pistolas de agujas que tenía preparadas en mi bolsillo—. Te reconozco que el año pasado cuando coronaron a la cuarta... pues lo pasé mal, sí. Ser el reemplazo de un reemplazo es maravilloso... pero no cuando te toca a ti, claro. Te juro que estaba convencida de que yo sería la definitiva. X me lo prometió cuando estuvimos juntos. Me decía que íbamos a cambiar el mundo y que mi cara estaría en todas partes junto a la suya. Y luego de repente lo retrasó todo, decía que los productos no estaban listos y que hacía falta más dinero y trajimos a Cuatro, a la que tuve que captar yo, como a ti. Intenté maquinar todo esto igual con ella, pero es que esa perrita resultó luego ser más floja de lo que yo pensaba. Acabó completamente sumisa ante X. Se abrió de piernas, como tú.

—Y como tú, Daphne.

—¿Yo? JAJA. Bueno, sí. Tú lo sabes bien, ¿no te acuerdas de nuestra noche… de amor? JAJA. Somos parecidas —la risa de Daphne era maléfica. Los matones, que llevaban los cascos puestos todavía, no movían ni un músculo.

—Yo no tengo nada que ver contigo.

—¿Eso piensas? Yo era como tú, Dana. Llegué para sustituir a la segunda. Y acabé haciendo captación de mis reemplazos. Reemplazos como tú, putita. ¿Qué tal te ha follado X? —miré a mis compañeros y les hice una señal sutil hacia los bolsillos, para que tuviesen también a mano las pistolas—. La cosa es que te has pasado un poquito. Todo este show NO era el plan, be-lle-za. Tú solo tenías que ser una niña mala y rebelde, para que X te enviase directamente a X-Change a que probasen la mierda de productos con esa jeta de iguana que tienes. Total, no te la iban a poder destrozar mucho, ya tienes toda la cara de Pocahontas, el padre. *Lit*. Y ahora voy a tener que matarte y llevarte como trofeo ante X. Yo soy la elegida. SOLO YO, ¿SABES? ¡YO!

—¿Entonces tú ya conocías todo lo que pasaba ahí dentro? ¿Y te daba igual?

—Yo lo sé todo. JA JA. ¡Te digo que yo iba a ser la definitiva! ¡TÚ ME ARREBATASTE EL PUESTO! La cuarta no me preocupaba, no valía nada, pero la manera en que X te miraba a ti… me removía todo por dentro, porque antes era así conmigo… ¡ASÍ ME MIRABA A MÍ! ¡ASÍ ME MIRABA A MÍ! ¡AAAAAAAH!

Y dimos la bienvenida al caos total y absoluto.

Daphne se abalanzó sobre mí y me echó las manos al cuello, intentaba estrangularme. Le di un codazo en los brazos y logré quitarme sus dedos de encima. A continuación, le solté un puñetazo con todas mis fuerzas en medio de la cara. Esta vez sí sabía perfectamente dónde estaba apuntando. Se llevó las manos a su rostro para protegerse y aproveché para pasar a golpear su estómago cual saco de boxeo. Conseguí finalmente que cayese sobre el asfalto.

Gracias otra vez, papá. El curso de defensa personal. Madre mía.

Los seis matones reaccionaron al fin y corrieron a ayudar a Daphne. Alan, Karl, Brenda y Lola tomaron sus pistolas y se pusieron delante de nosotras para interceptar el paso. Dispararon y consiguieron acertar con tres de ellos, que cayeron desplomados al instante. Esa mierda que llevaban las agujas era realmente fuerte, hasta para dormir a un elefante. Los otros tres que seguían en pie entraron en cólera.

Uno de ellos atacó a Lola por el costado y se fue con ella al suelo, golpeando su cuerpo con violencia y machacando su cabeza contra el terreno. Los otros dos se fueron a por Alan y Karl y empezaron a pegarles también, mientras Brenda intentaba clavarles las agujas por la espalda, sin éxito. Uno de ellos le propinó un fuerte puño para librarse de ella y Brenda cayó, golpeándose en la espalda y quedando inmóvil. Los otros dos matones arrastraron entonces a Alan y a Karl hacia el bosque contiguo, mientras seguían dándoles la paliza de sus vidas. Mientras tanto, Daphne se recuperó y clavó sus ojos llenos de furia sobre mí:

—Se te ha acabado el show, zorra.

Comenzó a darme puñetazos y patadas con una rabia desmedida. Era tal su fuerza y adrenalina que yo no encontraba manera de defenderme. Me tiró al suelo, estaba a punto de acabar conmigo. De repente, como en el final de un combate de *Street Fighter*, una patada voladora hizo despegar a Daphne. Era Brenda, nuestra Chun-Li personal, de nuevo en acción. Definitivamente, esta tía se había preparado fuera en kárate o algo.

—Tengo un plan —susurró jadeando Brenda—. Ten preparada la tarjeta. La llave maestra.

Entre puños y patadas Brenda consiguió poco a poco ir acercando a Daphne hacia la entrada de Bratislava. Yo seguía detrás de ellas, de cerca. Cada vez se escuchaban explosiones más fuertes en los interiores del complejo. Esa bomba de relojería de dentro estaba a punto de hacer: tick, tock, BAM. Las dos estaban bastante igualadas en la lucha, pero no lo suficiente para impedir que Brenda siguiese dirigiendo, a base de golpes. Finalmente, allí estábamos de nuevo las tres, delante del único acceso. Y entonces, entendí la estrategia. Detrás de Daphne estaba ya la puerta.

—Tres, ¿has estado alguna vez en Bratislava? —preguntó Brenda intentando tomar aire, cansada por la intensa pelea, mientras me hacía un gesto con la cabeza indicándome que era ya el momento.

—Muchas veces, follándome a X, no como tú, puta machorra.

Entonces saqué la tarjeta y la introduje. Chasquido. Pitido. La puerta metálica se abrió y salió una llamarada intensa, provocada por el fuego encontrándose con el oxígeno del exterior.

—¡Pues vas a estarlo una vez más!

Brenda le propinó una patada final en el estómago, que hizo caer a Daphne directa en el incendio. Su mono rojo brillante ahora sí que destellaba, pero envuelto en llamas.

—¡DANA! —grito Brenda— La aguja, ¡DISPARA!

Saqué rápidamente una de las pistolas y emití mis

palabras finales hacia la persona que me había captado para estar allí:

—A TI sí que se te ha acabado el show, reemplazada.

Disparé hacia ella en el interior. La aguja explotó con el primer contacto con el fuego que cubría a Daphne.

Brenda y yo caímos al suelo por la fuerte reacción química. Nos levantamos aturdidas viendo las llamas salir desde la puerta de Bratislava. Apoyadas la una en la otra nos alejamos como pudimos de allí. Ahora sí, para siempre.

Apuramos el paso hasta encontrar a Lola fuera, con una enorme herida en la cabeza y desangrada en el suelo. Estaba muerta. Su asesino estaba a su lado, desplomado, con una aguja clavada en el brazo. Lola había conseguido neutralizarle pero le había costado la vida. Brenda y yo nos abrazamos. Llorábamos por ella.

Una vibración bajo nuestos pies, parecida a la de un terremoto no muy lejano, nos alertó. Las explosiones internas de los edificios rompieron finalmente las estructuras y el complejo a nuestras espaldas entró en llamas también en su exterior.

—¡Rápido, la moto! —dijo Brenda.

—¡Pero yo no sé conducir! —respondí, aún con lágrimas en los ojos.

—¡Yo sí, venga!

—¡Espera! ¿Y Karl? ¡Alan!

—¡No hay tiempo!

Eché un vistazo rápido, intentando encontrarlos, pero los matones se los habían llevado a la profundidad del bosque. No podía aceptar la idea de que hubiesen acabado como Lola. Alan, mi primer amigo en Change…

Con rabia, recogí nuestras mochilas tiradas en el suelo con todo lo que pudimos sacar de X-Change y subimos a la moto roja de Daphne. Brenda conduciendo y yo detrás.

—¡Agárrate! —me dijo.

Me aferré con fuerza a su cintura. Brenda aceleró mientras el complejo del proyecto X explotaba y sucumbía en enormes llamaradas detrás de nosotras.

Sí, dejábamos el fuego atrás. Pero la chispa seguía encendida. Todavía teníamos que sobrepasar un obstáculo para poder escapar de verdad de Change.

El obstáculo que siempre había existido.

Él.

X.

CAPÍTULO 12

PROMISE

x

PROMESA

PROMISE

Se me enquistan los recuerdos de lo que viví y de lo que vivo. De lo que es real y de lo que es una trampa de mi mente. De lo que existió de verdad y de lo que inventé. Me conozco a mí y te conozco a ti. Se me enredan los recuerdos. Los recuerdos de ti.

Brenda conducía frenéticamente. El viento nos golpeaba en la cara. Habíamos salido huyendo sin tiempo de buscar cascos, entre toda la sangre y el desastre que dejábamos atrás, así que íbamos sin protección. Era un milagro que siguiésemos vivas. En todos los sentidos. Unas pequeñas gotas comenzaron a caer sobre nosotras. Estaba empezando a llover y se escuchaban truenos aún distantes, pero acercándose.

—¡Agárrate fuerte! —Brenda giró la cabeza y gritó—. ¡Tenemos que llegar al muro antes que la lluvia!

Aceleró todavía más. Yo pensaba que íbamos a salir despedidas. Me abracé mucho más fuerte a su cintura, con la esperanza de poder alcanzar nuestro objetivo juntas. Pero todo estaba a punto a cambiar, en un instante.

Por detrás de nosotras notamos una luz creciente y el rugido de otro motor acercándose. Me giré, era una moto grande negra viniendo hacia nosotras… A por nosotras.

–¡BRENDAAAA! ¡DALE!

–¡YA VOY AL MÁXIMO!

Nos aproximábamos ya a la zona del muro. La lluvia, más copiosa, empezaba a cubrirnos. La otra moto nos alcanzó finalmente y se colocó muy cerca de nosotras, a la derecha. El conductor levantó la visera de su casco y me miró fijamente a los ojos. Y así, a pesar de la lluvia, la velocidad y las luces de las motocicletas, los reconocí sin dudarlo. Sus inconfundibles ojos azules… Era él. X.

Comenzó a golpearnos de lado a lado con su vehículo, que era más grande que el nuestro: claramente, buscaba sacarnos de la carretera. Brenda hacía lo que podía para mantenernos enderezadas. Nos íbamos a matar, si seguíamos así.

–¡TÍA, PARA! –gritaba yo–. ¡NOS VAMOS, NOS VAMOS!

–¡NOOO! ¡HAY QUE LLEGAR AL MUROOO!

Brenda apretó aún más y X también, junto a nosotras. No conseguíamos deshacernos de él.

Gracias a la iluminación del camino, pude por fin reconocer al fondo la zona prometida, en medio la oscuridad de la madrugada. El muro. Y en ese preciso momento, X nos embistió. Nuestra moto derrapó por el asfalto. Yo salí disparada por los aires y Brenda se fue arrastrando junto al vehículo, unos metros por delante. Impacté dramáticamente contra el suelo y estuve a punto de perder el conocimiento por completo. Pero me mantuve despierta. Firme. Permanecía inmóvil intentando recuperar mis fuerzas. Me dolía todo lo que puede dolerle a un ser humano. Mis pulsaciones estaban a mil por hora. Mi rodilla herida, a la que no había prestado atención realmente hasta entonces, me recordó que necesitaba atención urgentísima. Pero en ese momento, todo mi dolor físico era el menor de mis problemas.

Miré a mi alrededor. X había parado su moto a unos metros de mí y, todavía encima ella, buscaba algo entre sus bolsillos, que parecía no encontrar. Giré la cabeza a la izquierda y vi a Brenda reptando hasta mí, muy adolorida. Puso sus ojos en los míos y finalmente se tumbó a mi lado. Estaba viva al menos, y di gracias al universo. Sacó fuerzas de flaqueza y con un hilo de voz se dirigió hacia mí:

—Dana…, tengo un…, tengo un plan —le costaba respirar y sufría de dolor.

—Ahora no… espera.

—No podemos esperar. Hay que… Hay que tirar el muro para que puedas salir.

Encontré yo también las fuerzas que ya no tenía y me

incorporé un poco para poder echar un vistazo a nuestro entorno. Nuestra moto roja estaba derribada, relativamente cerca de nosotras y más del lado de Brenda. Mi mochila con las agujas, el X15R y el resto de pruebas había salido disparada en mi caída. Podía verla un poco a lo lejos, al otro lado de la carretera. Miré a Brenda. Ella sí tenía aún la suya con ella, amarrada a su espalda, pero se encontraba muy malherida y no podíamos arriesgarnos a que X nos viese intercambiando material.

—Brenda. Voy a intentar ir a por la mochila, se me ha caído —señalé con la cabeza.

—El plan es otro.

—¿Qué? ¿Cuál?

—Tú entretienes a X. Y yo tumbo el muro.

—¿Q… qué? ¿Con qué?

—Chocando directamente contra el muro, con la moto. La de X, que es más grande. La explosión y la mezcla de los químicos con la gasolina debería ser suficiente para echarlo abajo —señaló a la mochila a su espalda.

—No… no te entiendo —los ojos se me empezaron a llenar de lágrimas.

Brenda se levantó con muchísima dificultad. Sangraba mucho por un costado. Yo también me esforcé en ponerme en pie e intenté detener su ímpetu.

—Es una locura. No lo hagas, por favor.

—Es nuestra única opción. Solo prométeme una cosa. Me lo tienes que jurar.

—¿Que te prometa el qué? —respondí con miedo.

Nos abrazamos y me miró fijamente a los ojos.

—Que pase lo que pase, vas a vivir. Que vas a contarlo todo. Vas a hacer justicia.

Se separó de mí y nos tomamos las manos.

—Brenda, yo te lo prometo, pero no lo hagas, por favor. Vamos a salir juntas.

—Eres una tía top, Dana. Eres la hostia, de verdad. Gracias por todo lo que has hecho. Y ahora entretén a X, por favor.

La voz de él nos cortó de raíz.

—¡EH, ZORRAS! En Change no dejamos que haya lesbianas, ¿qué hacéis?

Caminaba hacia nosotras. Nos giramos hacia él, todavía cogidas de la mano. Nos soltamos y empezamos a caminar a su encuentro también. Su moto negra estaba aparcada detrás de él. Me dirigí hacia X con determinación, para intentar dar espacio y tiempo a Brenda de alcanzar el vehículo. Toqueteé en mis bolsillos intentando encontrar algo que pudiese utilizar. Lo tenía: una aguja de todas las preparadas en la lucha contra Daphne y los matones, un milagro remanente en mi ropa. Y milagro era también que no me la hubiese clavado sin querer (otra vez) al caer de la moto o con todo el jaleo.

—¡X, escúchame! —grité con tono de desasosiego y debilidad. Quería confundirle y sabía perfectamente la parte de mí que le había atraído, la de total sumisa.

Se paró en seco. Y se quitó el casco.

Corrí hacia él con un movimiento infantil de manos y me eché a sus brazos. Aproveché las lágrimas reales que ya tenía en los ojos por la decisión de Brenda y las exageré para que pareciese que lloraba por él. Me miraba confundido, como si no supiese si yo estaba fingiendo o no.

—No sé lo que ha pasado… Yo solo… Yo quería volver al lugar donde fuimos tan felices antes de todo lo malo. Quería volver a ser tu Xtar —hundí mi cabeza en su pecho y eché la mano a mi bolsillo para preparar la aguja. Brenda caminaba despacio por nuestra izquierda dirigiéndose hacia la moto de X.

—¿Por qué me has hecho todo esto, entonces?

—Ay, X… esto no…

—Has quemado Bratislava. Todo lo que tenía. Y has destruido el proyecto X, el único futuro para este lugar —sacó de su bolsillo otro folleto promocional de los productos X, como el que había encontrado en los laboratorios, con un montaje de mi cara pegada sobre el cuerpo de otra chica. Me lo puso delante.

—Podemos volver a empezarlo todo —dije aún con lágrimas en los ojos—. Darnos otra oportunidad y dársela a Change. ¿No crees?

—¿Y cómo sé que no me estás mintiendo ahora?

Miré por el rabillo del ojo a Brenda. Estaba subiendo ya a la moto, con sumo cuidado para no llamar la atención de X. Se había quitado la mochila de la espalda y la había atado con fuerza a la parte delantera de la máquina. Era el momento.

—X —clavé mi mirada sumisa directamente en sus ojos azules y la cambié en un milisegundo por otra de perra vengativa—. La verdad es que: no lo sabes.

Rodeé la aguja con mi puño e hice toda la fuerza que pude para intentar clavársela en el pecho, atravesando y rasgando el folleto maldito que tenía delante. Me interceptó por la muñeca con su mano enorme y forcejeamos para intentar controlar los dos el arma. Brenda estaba poniendo ya en marcha la moto.

—Siempre me gustaste más que ninguna de las otras —me dijo X rechinando los dientes—. Porque de todas, eres la más difícil.

El motor se encendió. Brenda aceleró y salió disparada

pasando por nuestro lado y dejándonos rápidamente atrás. X se giró con total sorpresa, mientras me seguía apretando con fuerza la muñeca.

—¡PUTA! ¡VUELVE AQUÍ!

Mi compañera llegó al final de la carretera. Se detuvo al principio del camino de tierra que llevaba hacia el muro. El alba comenzó a asomarse por el cielo, durante una apropiada tregua que nos había concedido la lluvia. Y entonces Brenda me miró y asintió con la cabeza. Y se lanzó como un cohete contra lo único que podíamos destruir para liberarnos: el muro de ladrillos.

—¡NOOOOO! —gritó X.

—¡Brendaaaaa! —exclamé yo.

Una enorme y sonora explosión nos paralizó por un segundo y, a continuación, X y yo corrimos hacia el lugar. El humo se comenzó a disipar y pudimos ver el escenario completo. Restos de ladrillos por todas partes. Un boquete considerable abierto hacia el exterior, con el campo y la montaña de fondo, al otro lado. Sin rastro alguno de la moto de X. Tampoco de mi amiga. La fuerte explosión había consumido mucho más que el muro. Sólo quedaban caos y añicos. El plan de Brenda había funcionado.

Por salvarme a mí. Por hacer justicia. Sacrificándose hasta el final.

Grité y grité. Desgarrada. Miré hacia la salida e intenté correr, pero X me sujetó por los brazos y me inmovilizó.

—Pero dónde te crees que vas. Esa imbécil ha jodido mi moto para nada, porque nadie va a salir de aquí. TÚ has jodido Bratislava para nada. A Change se entra. Pero de Change no sale nadie si no lo digo yo, ¿ME OYES?

—¡Eres un monstruo! Decías que querías hacer un mundo mejor pero solo te querías a ti mismo.

—Yo te hice una promesa. Y solo quería darte cosas buenas. Te prometí el paraíso. Y tú lo has estropeado todo. TODO.

—¡Quédate con tu puta promesa!

Le volví a soltar una patada en la entrepierna pero esta vez la supo sortear y solo le pude impactar en la superficie del pantalón. Me tiró al suelo de una bofetada. Sus manos eran tres veces las mías. La lluvia ya volvía a caer incesante sobre nosotros y sentí el barro en mi piel, en mi cuerpo, en mis heridas. En el alma.

Había estado tan cerca de lograrlo y me iba a quedar a las puertas. Iba a morir allí. Por una estupidez. Por no haber sabido pedir ayuda a tiempo con todo lo que me pasó fuera. Por no acercarme a mi padre, a mis amigas y decirles que no estaba bien. Que me había ocurrido algo. Y que me ayudasen, por favor. Por cabezona e individualista. DANA,

JODER. Lección aprendida. Pero demasiado tarde.

X se tumbó sobre mí y me agarró por las muñecas. Clavó de nuevo su penetrante y viva mirada en mí, por última vez:

—Analizando fríamente los datos, eres sin duda la peor Xtar que ha habido en Change. La que has liado es bien gorda. Pero me gustan los retos, ¿sabes? Por eso me pones tanto. Te voy a dar una última oportunidad, si me pides perdón…

—NUNCA —le escupí a la cara. Prefería morir que volver. Él puso cara de asco y se limpió con la palma de su mano derecha, para propinarme otra sonora bofetada con ella.

—Me excita demasiado que seas tan fiera pero ya me he cansado de hacer de domador. Se acabó. Es tu última oportunidad.

Rodeó mi cuello con sus dos manos y empezó a apretar.

—Vas a cambiar. ¿Verdad que sí, mi amor?

—N… no… —no podría respirar.

—Mira lo que me haces hacer, hija de puta. Todo sería más fácil si fueses de otra manera —siguió apretando más fuerte. Sus ojos estaban inyectados en sangre—. ¿Acaso no me quieres?

—¡N..! ¡NOOO! —grité con todas mis fuerzas, agotando el último suspiro que me quedaba.

Un disparo arrebató el silencio. X liberó las manos de mi

cuello y se miró el pecho sorprendido. Estaba sangrando.

—¡Suelta a Dana! —una voz de mujer se escuchó a la distancia.

Yo respiré fuerte y con dificultad, tosiendo y llevándome las manos a la garganta. X se giró y se levantó herido. La mujer era Karmel. Empuñaba una pistola y apuntaba directamente a X. Le había disparado ella.

—Tú… tú… hija de puta, hija de puta. Tú también me has fallado. ¡Tú también me has fallado!

—No, tú… tú te has fallado a ti mismo. Y nos has fallado a todos. Se ha terminado, Santiago.

Karmel me hizo un gesto con la cabeza para que me apartase, gateé hacia un lado como pude. Volvió a disparar a X dos veces más. Él cayó desplomado al suelo: sus ojos azules seguían clavados en mí incluso muerto. Pero ya no podrían influir más en mí. Ni en nadie. Nunca más.

Levanté la vista y la dirigí hacia Karmel. Nos quedamos mirándonos en silencio. Finalmente soltó la pistola y asintió con la cabeza. Entendí que era el final. El final de todo. El final de Change.

Era hora de volver a casa.

CAPÍTULO 13

TELL ME
x
DIME

Y aunque tenía la garganta con mil nudos… No me salía el llanto.

Hacía rato que había dejado de llover y el sol de la mañana llenaba ya el cielo con su claridad. Caminaba sola por las montañas a las afueras de Change, cojeando y dolorida por todas partes. No sabía hacia dónde me dirigía… pero estaba viva. Era libre.

Antes de cruzar el muro, había intentado convencer a Karmel para que se viniese conmigo y le di las gracias por salvarme la vida. Ella declinó mi propuesta. Como única líder superviviente de Change y con su nombre y firma en todos los archivos y contratos de la empresa, sería detenida nada más pisar la civilización. Su única opción era ir corriendo a buscar a su hija e intentar huir juntas las dos lo más lejos posible.

Yo le prometí, sin que ella me lo pidiese, que jamás le contaría a nadie esa parte de después. Que oficialmente ella me salvó y a continuación salió de allí y yo le perdí la pista. Que mi historia acabaría con sus disparos a X. A Santiago. Karmel me explicó también la verdadera historia de X, la que él le confesó cuando ya era su mano derecha y tenían suficiente confianza el uno con el otro.

Santiago Maxhunt era un joven adinerado proveniente de una buena familia con negocios farmacéuticos. Muy carismático y un poco bohemio, trabajaba en la empresa familiar hasta que un viaje a la India le cambió la vida. A su vuelta parecía otra persona. Empezó a interesarse más y más por temas espirituales y a asistir a todo tipo de retiros y terapias por todo el mundo: Japón, Eslovaquia, los países nórdicos europeos, América Latina y otros rincones de nuestro planeta. Le confesó a Karmel que, aunque le gustaba la idea de los mismos, la ejecución le parecía patética y anticuada y pensaba que no explotaban el mercado tanto como podrían. Él vio entonces el filón para hacerlo, pero a su manera. Cuando empezó con Change y comenzó a atraer a grupos de personas, gracias a su carisma innato y a sus promesas vacías, su familia le dio de lado y le cortó el grifo del dinero. Pero él era una persona de lujos, al precio que fuese. A partir de ahí empezó el lucrativo negocio de los festivales y con el tiempo, y gracias a los contactos conseguidos por sus conexiones familiares, desarrolló la idea para el proyecto X, finalmente fallida. Su objetivo era unificar bienestar externo e interno a través de una misma línea empresarial. Prometer y vender el paraíso físico y mental.

Karmel me confesó también que, aunque era consciente de todas sus manipulaciones y del chantaje al que estaba sometida con el tema de su hija, se había enamorado de Santiago y de su magnetismo desde el minuto cero en que le había conocido, durante una charla espiritual en su ciudad, a la que había acudido en busca de alivio y respuestas vitales, en mitad de su tormento doméstico con el padre de su hija. Que lo suyo con Santiago había sido siempre un amor platónico, nunca declarado y que habría hecho, e hizo de hecho, cualquier cosa por él. Que nada ni nadie le hicieron cuestionarse ni una coma hasta que llegué yo. Pensó que yo podría haber sido su propia hija la persona captada en un lugar así. Yo le abrí los ojos sin querer, simplemente porque le recordé a lo que más quería en este mundo: a su pequeña.

Karmel había hecho muchas cosas malas en su vida, antes de estar en Change y estando ya allí. Pero también el destino le había repartido las peores cartas. Había hecho lo que había podido, con lo que tenía. Con todos sus errores y delitos le esperaban largos años de cárcel si era encontrada por las autoridades. Ella era plenamente consciente.

Le pregunté por su brazo vendado y le pedí perdón por echarle el X15R encima. Me dijo que había conseguido aplicarse un paliativo inmediatamente después y que, aunque tenía una quemadura, podía seguir adelante. Yo sabía que mentía y que esa herida era grave y necesitaba atención médica, pero entendí que en modo supervivencia nada duele tanto como debería y todo se deja para después. Mis propias magulladuras me lo estaban recordando. Y ya había llegado el momento de mi propio "después".

Nos abrazamos y le deseé suerte, antes de cruzar los escombros del muro y dejar todo atrás para siempre. Todavía tenía que alertar a alguien fuera para que viniesen a rescatar a los chicos y chicas que quedaban dentro de Change. Pero lo primero era salir de allí para nunca volver.

Mis últimas palabras para Karmel fueron: "Si te puedo ayudar de alguna manera legal cuando ya estés con tu hija, llámame desde una red privada. Sé que tienes mi número".

Karmel me había devuelto mi teléfono y mi tarjeta de crédito, antes de regresar al mundo real. El móvil tenía muy poca batería y no había cobertura. Tenía que seguir caminando por la montaña hasta encontrar un sitio para poder llamar y pedir ayuda.

Sola.

Caminaba sola pensando en todo lo que me había pasado. En la persona que llegó y la persona que salía de Change. Paradójicamente, sí que era una persona diferente. Sí que me habían ayudado a CAMBIAR. Puta vida.

Sola.

Lo que había sentido por X. Tan intenso como una droga. Había sido real y a la vez una ilusión. Había sido la Dana de antes, perdida; y la nueva de ahora también. Parte de mi camino era saber lo que quería, sí, pero mucho más lo que no quería.

Pensé en que ahora sí iba a llamar a esa psicóloga amiga de mi padre en cuanto lograse llegar a casa y recuperarme. Y que, si no conseguía expresarlo de voz, lo escribiría con palabras. Quería recuperar la escritura y dedicarme a ello.

Sola… pero al menos no mal acompañada.

Pensé en Ritch. No podemos elegir lo que nos pasa… pero sí lo que hacemos con las cosas que nos pasan. Tenía mucho que contar fuera sobre Change. Pero también había decidido denunciar y decirle a todo el mundo lo que intentaron hacerme él y sus amigos. Principalmente para que no lo volviesen a hacer con nadie más. X ya no podía hacer daño a nadie más, pero Ritch aún sí.

Sola.

Pensé en las personas que se habían quedado en el camino, en Change. En las amistades que me acogieron sin reparo y me ayudaron en mi viaje. En todo lo que aprendí de su generosidad y compromiso. Que siempre, incluso cuando está todo mal, tenemos opciones y que elegir hacer lo que está bien no es una opción: es un deber para con nosotros mismos.

Me acordé de Brenda y de su boca sucia. ¡Hostia puta, tía! De Lola y su estilo al caminar y de sus cejas enormes. De Karl… de Alan. Mi Alan.

Mi Alan… había roto a llorar cuando justo escuché su voz en la distancia:

—¡DANAAAAA! ¡DANAAAAA!

Una melena afro se dirigía corriendo hacía mí. Pensé que estaba flipando o que era el agotamiento o que a lo mejor yo también me había muerto en realidad y no me había salvado. Que nos estábamos encontrando en el más allá.

—Estás… ¿Estás vivo?

—¡ESTAMOS VIVOS! —se echó a mis brazos y lloramos un río y siete mares.

—Escucha… ¿y Karl?

Alan hizo un gesto negativo con la cabeza y volvió a romperse. Le abracé aún más fuerte.

Le conté lo que había pasado desde que nos separamos y él también lo suyo. Me explicó que el matón estaba a punto de acabar con ellos a golpes en el bosque cuando Karl consiguió clavarle una de las agujas a traición y se desplomó. Pero ya era demasiado tarde para Karl y que, molido por los golpes incesantes que había recibido, murió allí mismo desangrándose en los brazos de Alan.

Alan y yo. Unidos para siempre por esa gran desgracia. Pero nos tocaba ahora construir recuerdos bonitos. Ya juntos. Fuera.

—Lo único que me da rabia es no haber podido conservar las pruebas físicas de todo lo que hacían ahí dentro...

—¿Perdona? ¿Cómo qué no? —Alan señaló la mochila a su espalda. Tenía todavía en ella todo tipo de material recogido de los laboratorios.

—¡TE QUIERO! —le abracé con fuerza.

Caminábamos agarrados de la mano y en silencio hasta que encontramos una zona con cobertura para llamar. Me quedaba un 1% de batería.

Abrí rápido mi agenda de contactos y bajé hasta la letra *P*.

Marqué sin pensarlo un segundo.

Del otro lado escuché su voz.

—Papá. Soy yo... Ya vuelvo a casa.

AGRADECIMIENTOS
THANK YOU

Este libro que tienes contigo ha tenido un largo camino. Escribo estas líneas finales cinco años después de empezar su gestación. En 2018, tuve la feliz idea de escribir una historia y hacer a la vez la banda sonora para la misma, en la que cada canción fuese un capítulo del libro. Terminé la banda sonora y la publiqué, pero el libro quedó pendiente.

Como a la protagonista de mi novela, junto a la que llegué a vivir revelaciones paralelas y de la que he aprendido muchísimo, la vida también me arrasó entonces y por diferentes circunstancias personales esta novela quedó aparcada. Pero siempre con la intención de terminarse algún día.

Cinco años después, el momento llegó y estoy muy contento de que así haya sido. También me hace muy feliz haber podido rehacer y actualizar toda la música para este libro.

No podría haber escrito esta novela sin mis padres y mi familia, por darme las bases sobre las que me sustento en cada paso de mi vida. Nunca estaré suficientemente agradecido por los cimientos que he tenido la suerte de tener. A mi madre por darme la vida y sostenérmela después durante el camino, con paso firme. A mis hermanos, Diego y Fernando, y a mis sobrinos, Fernando, Raúl y Daniel.

Tampoco podría haber escrito esta historia sin el apoyo vital de mis amigos y amigas. Está la familia que no elegimos pero también la que sí elegimos, y esta última no podría haberla elegido mejor. Si estás en ella, gracias de corazón. Espero que te guste "Change".

Cualquier acto de creación y/o artístico es casi un acto

revolucionario en el mundo en el que vivimos. Mi revolución no es con golpes, es interna y personal. Gracias a las personas que me apoyan y me han apoyado en algún momento en cualquiera de mis aventuras creativas. Y mil gracias por hacer el esfuerzo del acercamiento a entenderme y a escucharme en lenguajes que expresan cosas que no puedo expresar de otro modo.

Aunque tengo la suerte de no haber tenido nunca una historia tan difícil como la de Dana, no podría haber escrito este libro tampoco sin mis experiencias vitales en grupos y con personas, no necesariamente iguales a los y las de este libro, que han intentado llevarme por diferentes caminos, a lo largo de mi vida. Siempre hay elección y de lo único que somos responsables es de nuestros actos. Gracias por los aprendizajes y mucha suerte.

Gracias al universo por las bendiciones que me otorga cada día.

Cuando era muy pequeño veía a mi padre leyendo siempre y yo quería imitarle. Así es como empecé a leer yo. Gracias, papá, por acercarme a la lectura. Ojalá pudieses leer este libro hoy y tenerlo entre la enorme pila de libros de tu mesilla.

Por último, definitivamente no podría haber escrito este libro sin la luz de Antonio. Ojalá guste tanto como los tuyos. Gracias por ayudarme a llegar donde yo solo jamás habría llegado.

Gracias a ti, que estás leyendo esto.

El cambio está dentro de ti.

Nunca es tarde.

Paz y amor,

Luis DH

LA EXPERIENCIA
CHANGE

Esta historia que tienes contigo es una experiencia literaria, auditiva y visual.

Puedes encontrar la banda sonora original del libro, "Change (Luis' Version)", en todas las plataformas digitales y también en www.luisdh.com

Cada canción de la banda sonora corresponde a uno de los trece capítulos de la novela. En las siguientes páginas encontrarás la letra original en inglés de cada una de las canciones y su traducción al español.

Además, encontrarás los visuales para todas las canciones y capítulos en el canal de YouTube de Luis DH.

¡Disfruta de la experiencia completa de Change!

-Luis DH

1 AFTERLIFE – 1:18
LA OTRA VIDA

Feel safe
Siéntete segura
You're here now
Ya estás aquí
You're home now
Ya estás en casa

Don't be afraid
No tengas miedo
Now you're home
Ahora estás en casa
Welcome to Afterlife
Bienvenida a La Otra Vida

Now you're home
Ahora estás en casa
Not alone
No sola
Now you're here
Ahora estás aquí
With us
Con nosotros
At last
Por fin
Afterlife
La Otra Vida

Now you're home
Ahora estás en casa

Afterlife
La Otra Vida

2 **XTAR – 2:53**
LA EXTRELLA

Intense beauty, intense taste
Belleza intensa, sabor intenso
Somewhere in Ginza
En alguna parte en Ginza
Anytime, anyplace
A cualquier hora, en cualquier lugar

Here comes the Xtar
Aquí llega la Extrella
Here comes the Xtar
Aquí llega la Extrella
Here comes the Xtar
Aquí llega la Extrella
Here comes the Xtar
Aquí llega la Extrella

Here comes the Xtar
Aquí llega la Extrella
And there you are
Y ahí estás
Here comes the Xtar
Aquí llega la Extrella
And there you are
Y ahí estás
Here comes the Xtar
Aquí llega la Extrella
And there you are
Y ahí estás
Here comes the Xtar
Aquí llega la Extrella
And there you are
Y ahí estás

Intense beauty for reckless
Belleza intensa para temerarias
Restless minds
Para mentes inquietas

Somewhere in Ginza
En alguna parte en Ginza
Somewhere in Ginza
En alguna parte en Ginza
I found my place
Encontré mi sitio
I found myself
Me encontré a mí

And then I saw suits, ties
Y entonces vi trajes, corbatas
Saw suit
Vi traje

Here comes the Xtar
Aquí llega la Extrella
And there you are
Y ahí estás
Here comes the Xtar
Aquí llega la Extrella
And there you are
Y ahí estás
Here comes the Xtar
Aquí llega la Extrella
And there you are
Y ahí estás
Here comes the Xtar
Aquí llega la Extrella
And there you are
Y ahí estás
Xtar
Extrella

Intense beauty, restless minds
Belleza intensa, mentes inquietas
Intense beauty, cannot stop (minds!)
Belleza intensa, no puede parar (¡mentes!)
Intense beauty, restless minds
Belleza intensa, mentes inquietas

Here comes the Xtar
Aquí llega la Extrella
And there you are
Y ahí estás
Here comes the Xtar
Aquí llega la Extrella
And there you are
Y ahí estás
Here comes the Xtar
Aquí llega la Extrella
And there you are
Y ahí estás
Here comes the Xtar
Aquí llega la Extrella
And there you are
Y ahí estás
Xtar
Extrella

3 COME TO – 1:23
VEN A

Come, come, come to
Ven, ven, ven a

Just come
Solo ven
Income
Ingresos
Just come
Solo ven

Just come
Solo ven
(Just come)
(Solo ven)

Come to
Ven a
Come to
Ven a
(Just come)
(Solo ven)

Come to
Ven a
Come to
Ven a
Just come
Solo ven

4 **BRATISLAVA – 2:38**
BRATISLAVA

Just come
Solo ven

We took a jet in the night
Tomamos un jet en la noche
It's alright
Está bien
Expensive life but this love
Una vida cara pero este amor
Money can't buy
No se compra con dinero

Wanna love you harder
Quiero amarte más fuerte
Wanna take you higher
Quiero llevarte más alto
Wanna rock you harder
Quiero rockearte más fuerte
Come to Bratislava
Ven a Bratislava
Come to Bratislava
Ven a Bratislava

Just come
Solo ven
Just come
Solo ven

No, you can't deny it
No, no puedes negarlo

Just
Solo
Just come
Solo ven

No, you can't deny it
No, no puedes negarlo
No, you can't deny me
No, no puedes negarme
No, you can't deny it
No, no puedes negarlo
Come to Bratislava
Ven a Bratislava

Wanna love you harder
Quiero amarte más fuerte
Wanna take you higher
Quiero llevarte más alto

5 THE ONLY ONE – 2:41
LA ÚNICA

Tell me I can be
Dime que puedo ser
I will be
Que seré

The only one
La única
Only one
Solo una
Only one
Solo una
The only
La única

The on...
La ún...

The only one
La única
The only
La única
The only
La única
The only
La única

6 CHANGE – 1:36
CAMBIAR

I wanna tell you
Quiero contarte
And it goes
Y dice así

I have lived a thousand lives
He vivido mil vidas
None of them with you by my side
Ninguna de ellas contigo a mi lado

So take me
Por eso, tómame
Just shake me
Solo sacúdeme
Don't try to change me
No intentes cambiarme
But take me
Pero tómame
Take me, change me
Tómame, cámbiame

Change takes me higher
El cambio me lleva más alto
Change takes me higher
El cambio me lleva más alto
Change
Cambiar

Now I'm free, system's behind
Ahora soy libre, el sistema quedó atrás
I'm with you, my saviour tonight
Estoy contigo, mi salvador/a esta noche

Change
Cambiar

7 **HOLD THE KEY – 1:32**
TIENES LA LLAVE

In the morning when I'm sleeping
Por la mañana cuando estoy durmiendo
I see your face
Veo tu cara
In the evening I'm just praying
Por la noche solo estoy rezando
You hold the key
Tú tienes la llave

You hold
Tú tienes
You hold the key (The key)
Tú tienes la llave (La llave)

Have you ever felt so sure
¿Alguna vez te has sentido tan segura?
You hold the key
Tú tienes la llave

Have you ever felt so sure
¿Alguna vez te has sentido tan segura?
About the feeling you got inside
Sobre el sentimiento que tienes dentro

8 MAKE ME DO – 2:09
ME HACES HACER

Make me do, make me do
Me haces hacer, me haces hacer
Make me do, make me do
Me haces hacer, me haces hacer

Yeah you, yeah you
Sí, tú; sí, tú
Yeah you, yeah you
Sí, tú; sí, tú

Make me do, make me do
Me haces hacer, me haces hacer
Make me do, make me do
Me haces hacer, me haces hacer
Make me do, make me do
Me haces hacer, me haces hacer
Make me do, make me do
Me haces hacer, me haces hacer

Make me do, make me do
Me haces hacer, me haces hacer
Make me do, make me do
Me haces hacer, me haces hacer
Make me do, make me do
Me haces hacer, me haces hacer
Make me do, make me do
Me haces hacer, me haces hacer

Yeah I know what you're missing
Sí, yo sé lo que te falta
And it's right in front of you
*Y está justo delante de tus
narices*
I could bring you light and life
tonight
*Podría traerte luz y vida esta
noche*

Make me do, make me do
Me haces hacer, me haces hacer
Make me do, make me do
Me haces hacer, me haces hacer
Make me do, make me do
Me haces hacer, me haces hacer
Make me do, make me do
Me haces hacer, me haces hacer

9 MY OWN – 2:40
LO MÍO

And I've always danced to the
beat of my own drum
*Y yo siempre he bailado al son.de
mi tambor*
And I don't care if you think it's
right
*Y no me importa si crees que es
correcto*
You better think about the times
ahead of us
*Mejor ponte a pensar en los
tiempos que tenemos por delante*
Cause time is up for you, your
friends
*Porque el tiempo se acaba para
ti, para tus amigos*

You'll get yours
Tú tendrás lo tuyo
And I'll get mine
Y yo tendré lo mío

I don't need your rules
No necesito tus reglas
I got my own
Tengo las mías propias
I got my own
Tengo las mías propias
I got my own
Tengo las mías propias

You think you're so smart
Te crees que eres tan listo
To my eyes you're just so sad
*A mis ojos simplemente eres tan
triste*

I don't need your rules
No necesito tus reglas
I don't need your fools
No necesito a tus idiotas
I don't need your drama
No necesito tu drama
Go and cry your mama
Vete a llorarle a tu mamá

I got my own
Tengo lo mío
I got my own
Tengo lo mío
I got my own
Tengo lo mío
I got my own
Tengo lo mío

I got my own, I got my own
Tengo lo mío, tengo lo mío
I got my own, I got my own
Tengo lo mío, tengo lo mío
I got my own, I got my own
Tengo lo mío, tengo lo mío

I don't need your rules
No necesito tus reglas
I got my own
Tengo las mías propias
I don't need your fools
No necesito a tus idiotas
I got my own
Tengo los míos propios

10 KARMA IS A B – 1:21
EL KARMA ES UN C

Change
Cambiar

Karma is a B, in time you'll realize
El karma es un C, con el tiempo te darás cuenta
Karma is a B, in time you'll realice
El karma es un C, con el tiempo te darás cuenta

Karma is a B, in time you'll realice
El karma es un C, con el tiempo te darás cuenta
Karma is a B, in time you'll realice
El karma es un C, con el tiempo te darás cuenta

Karma is a B, in time you'll realice
El karma es un C, con el tiempo te darás cuenta
Karma is a B, in time you'll realice
El karma es un C, con el tiempo te darás cuenta
Karma is a B, in time you'll realice
El karma es un C, con el tiempo te darás cuenta

11 **STARTED NOW – 1:39**
EMPEZAR AHORA

Don't get me started now
No me hagas empezar ahora
Don't get me started now
No me hagas empezar ahora

Don't get me started now
No me hagas empezar ahora
Don't get me started now
No me hagas empezar ahora
Don't get me started now
No me hagas empezar ahora
Don't get me started now
No me hagas empezar ahora

Don't get me started now
No me hagas empezar ahora
Don't get me started now
No me hagas empezar ahora

Don't get me started now
No me hagas empezar ahora
Don't get me started now
No me hagas empezar ahora
Don't get me started now
No me hagas empezar ahora
Don't get me started now
No me hagas empezar ahora

Silly games
Juegos tontos
Mess, mess, mess in my head
Un lío, lío, lío en mi cabeza
Silly, silly games
Juegos tontos, tontos
In my head
En mi cabeza

12 **PROMISE** – 3:33
PROMESA

And now I know myself and I know you
Y ahora me conozco a mí y te conozco a ti
I'll be my promise
Yo seré mi promesa

Give me back my mind
Devuélveme mi mente
Give me back my money
Devuélveme mi dinero
Give me back the time
Devuélveme el tiempo
You can have your promise
Tú puedes quedarte con tu promesa
Give me back my mind
Devuélveme mi mente
Give me back my money
Devuélveme mi dinero
Give me back the time
Devuélveme el tiempo

You can have your promise to paradise
Tú puedes quedarte con tu promesa del paraíso
You can have your promise to Paradise
Tú puedes quedarte con tu promesa del paraíso
I'll be my promise
Yo seré mi promesa
I'll be my promise
Yo seré mi promesa

The promise to paradise is all mine
La promesa del paraíso es toda mía
Is all mine
Es toda mía

Give me back my mind
Devuélveme mi mente
Give me back my money
Devuélveme mi dinero
Give me back the time
Devuélveme el tiempo
You can have your promise
Tú puedes quedarte con tu promesa

Give me back my mind
Devuélveme mi mente
Give me back my money
Devuélveme mi dinero
Give me back the time
Devuélveme el tiempo
You can have your promise
Tú puedes quedarte con tu promesa
Give me back my mind
Devuélveme mi mente
Give me back my money
Devuélveme mi dinero
Give me back the time
Devuélveme el tiempo

Just give me back
Solo devuélveme
Just give me back
Solo devuélveme

You can have the time
Tú puedes quedarte con el tiempo

Tell me where I'll be
Dime dónde estaré
Tell me who I am
Dime quién soy
Tell me who to love
Dime a quién amar
Tell me
Dime

Tell me now
Dime ahora

Give me back my mind
Devuélveme mi mente
Give me back my money
Devuélveme mi dinero
Give me back the time
Devuélveme el tiempo
You can have your promise
Tú puedes quedarte con tu promesa
Give me back my mind
Devuélveme mi mente
Give me back my money
Devuélveme mi dinero
Give me back the time
Devuélveme el tiempo

13 **TELL ME – 4:55**
DIME

Where I'll be and who I am
Dónde estaré y quién soy

Walking alone, I'm going home
Caminando sola, me voy a casa
Home
A casa

Tell me
Dime
Tell me
Dime

Tell me
Dime

Is it real what I felt
¿Es real lo que sentí?
What I loved
¿Lo que amé?
So tell me
Entonces, dime
Won't you tell me now
¿No me lo dirás, ahora?
Tell me now
Dímelo ahora

Tell me
Dime
(Tell me)
(Dime)
Tell me now
Dímelo ahora

Todas las canciones escritas y producidas por:

Luis López Del Hierro

Todos los derechos reservados.

¡Encuéntrame en redes sociales!

@luisdhmusic

www.luisdh.com